LEGO® Bauideen

Tiere

Schritt für Schritt zum LEGO Baumeister

Text von Hannah Dolan

Modelle von Jessica Farrell

INHALT

KOI-KARPFEN (SEITE 38)

PFAU (SEITE 72)

DIE BAUMEISTERIN

Jessica Farrell hat die Tiere und alle anderen Modelle in diesem Buch gebaut. Sie ist eine LEGO® Baukünstlerin aus Irland, deren Modelle auf der ganzen Welt ausgestellt werden.

Hattest du auch mal Schwierigkeiten, ein bestimmtes Tier zu bauen?
Am schwierigsten ist es, die richtige Farbe zu finden. Meine Modelle sollen zwar echt aussehen, aber gleichzeitig auch nicht zu realistisch wirken. Die Leser sollen bei ihren Modellen die eigene Fantasie spielen lassen.

Wie hast du die Tiere für die Modelle in diesem Buch ausgewählt?
Ich wollte Tiere aus unterschiedlichen Regionen und Lebensräumen der Erde bauen. Und ich wollte ihre vielfältigen Formen, Größen und faszinierenden Eigenschaften zeigen. Deshalb findet man hier sowohl exotische als auch bekannte heimische Tiere.

Gibt es ein besonders nützliches Element beim Bauen von Tieren?
Gebogene Dachsteine in allen Größen sind super für runde Formen. Es gibt ja keine Tiere mit Ecken! Am häufigsten habe ich für dieses Buch wohl den gebogenen 1×2-Dachstein benutzt.

Woher wusstest du, wie die Tiere aussehen?
Ich recherchiere viel, bevor ich ein Modell baue. Bei Tieren studiere ich ihren Knochenbau und ihre wichtigsten Merkmale. So kann ich eine realistische Körperform bauen. Videos zeigen mir, wie ihre Gelenke funktionieren.

Welches ist dein Lieblingstier?
Der Orang-Utan! Er hat eine ganz besondere Ausstrahlung. Außerdem macht es echt Spaß, seine Glieder zu lustigen Posen zu biegen. Ich mag auch das leuchtend gelbe Kaninchen - es erinnert mich an ein Kuscheltier, das ich als Kind hatte.

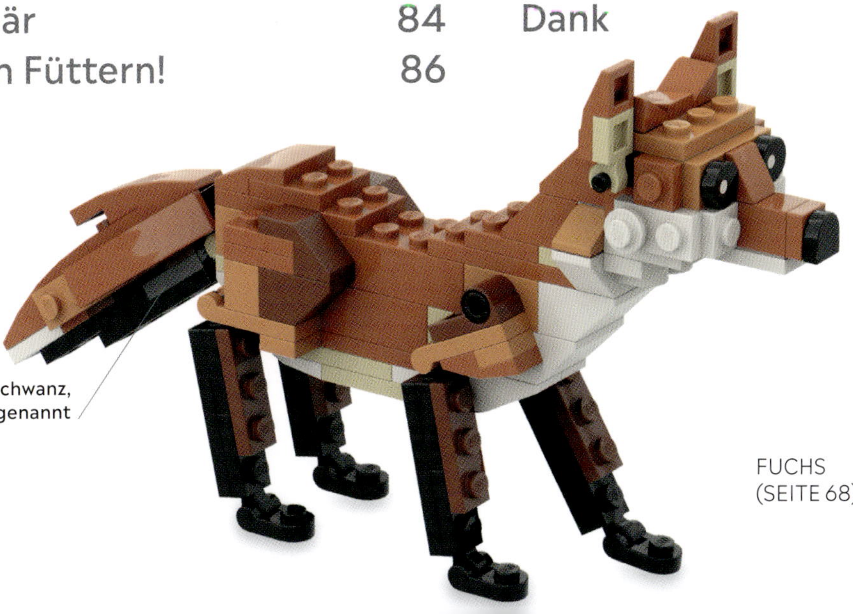

FUCHS (SEITE 68)

SO FÄNGST DU AN

In diesem Buch findest du eine große Auswahl an LEGO® Tieren: krähende Hähne, badende Flusspferde, hüpfende Frösche und sogar Fantasietiere. Die ersten Modelle sind noch recht einfach, die nächsten etwas schwieriger. Zum Schluss wird's knifflig. Bist du bereit für eine fantasievolle Reise ins Reich der Tiere?

EINZELNE BAUABSCHNITTE

Jedes Tier wird in drei bis fünf Schritten gebaut. Vielleicht hast du nicht alle nötigen Steine, aber du musst die Modelle auch gar nicht exakt nachbauen. Die Schritte zeigen Techniken, um dich zu eigenen tollen Ideen anzuregen. In den „Ideengalerien" findest du besondere Körperteile wie Klauen oder Zähne und Möglichkeiten, wie du deine Modelle erweitern kannst.

Das erste Bild zeigt immer das fertige Modell.

Jedes Modell wird als leicht, mittel oder schwierig eingestuft.

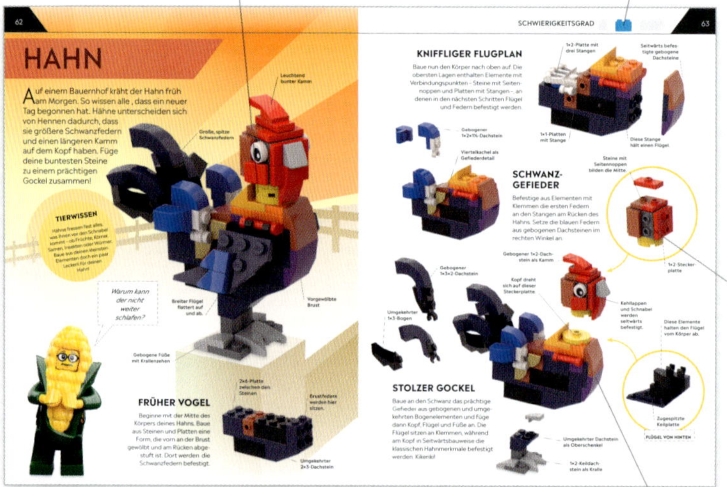

In diesen Kreisen werden manche Modelle noch weiter zerlegt.

TYPISCHES MODELL

Im letzten Bild ist das Modell fast fertig.

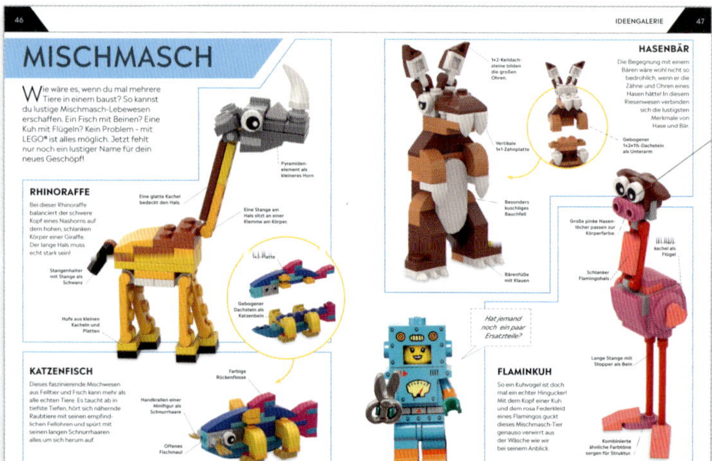

IDEENGALERIE

Weitere Bauidee

STEINLISTEN

Welche Steine für ein bestimmtes Tiermodell verwendet werden, erfährst du unter **www.dk-verlag.de/LEGOTiere**

Toll! Ich kann also echt meine Beute bauen?

TECHNISCHE TIPPS

Diese Listen für Baumeister und Baumeisterinnen erklären einige häufig vorkommende LEGO Begriffe und Tiernamen.

LEGO® WÖRTERBUCH

2×3-Stein

1×2-Stein

1×1-Stein

Noppen sind die runden Hubbel oben auf Steinen und Platten. Sie passen in Röhren auf der Unterseite von Elementen.

Steine sind in den meisten LEGO Modellen enthalten. Sie werden nach der Anzahl der Noppen auf ihnen benannt.

1×3-Platte

Platten ähneln Steinen, da sie oben Noppen und unten Röhren haben. Sie sind aber viel dünner.

2×2-Kachel

Kacheln sind dünn wie Platten, haben oben aber keine Noppen.

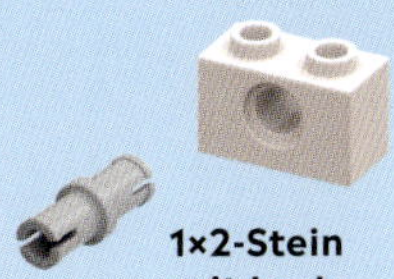

1×2-Stein mit Loch

Löcher in Steinen und anderen Elementen halten Verbindungsteile wie Pins, Stangen und Achsen.

BAUWEISEN

Nach oben
Bei den „leichten" Modellen in diesem Buch werden viele Teile gestapelt, wie in der Mitte dieser Maus.

Nach unten
Beine von LEGO Tieren werden unter dem Körper angebaut.

Diese Elemente werden seitwärts verbunden.

Seitwärts
Bei kniffligeren Modellen werden Elemente mit seitlichen Noppen seitwärts aneinandergebaut.

Jeder Arm sitzt an einer Stange.

Rundum
Für die beweglichen Körperteile deiner Tiere verwendest du bewegliche Elemente wie Klemmen und Stangen.

BEGRIFFE

Amphibien
Wechselwarme Tiere, die an Land und im Wasser leben.

Beuteltiere
Eine Säugetierart, deren Weibchen ihre Jungen in einem Beutel tragen.

Blubber
Fettschicht unter der Haut, die Meeressäuger warm hält.

Habitat
Die Umwelt, in der ein Tier lebt.

Herbivore
Tiere, die nur Pflanzen, Obst oder Gemüse fressen.

Karnivore
Tiere, die nur Fleisch fressen.

Nachtaktive
Tiere, die sich nachts bewegen.

Reptilien
Wechselwarme Tiere, die Eier legen und mit Schuppen oder Platten bedeckt sein können.

Säugetiere
Warmblütige Tiere, die lebende Junge gebären. Sie können ein Fell haben.

GIRAFFE

Wusstest du, dass die Giraffe das größte Landtier der Erde ist? Dank ihrer Körperhöhe von sechs Metern kann sie leckere Blätter in hohen Bäumen erreichen und zugleich Gefahren am Boden erkennen. Nimm deine schmalsten Platten und Kacheln für diese LEGO® Version eines riesigen Pflanzenfressers auf vier Hufen.

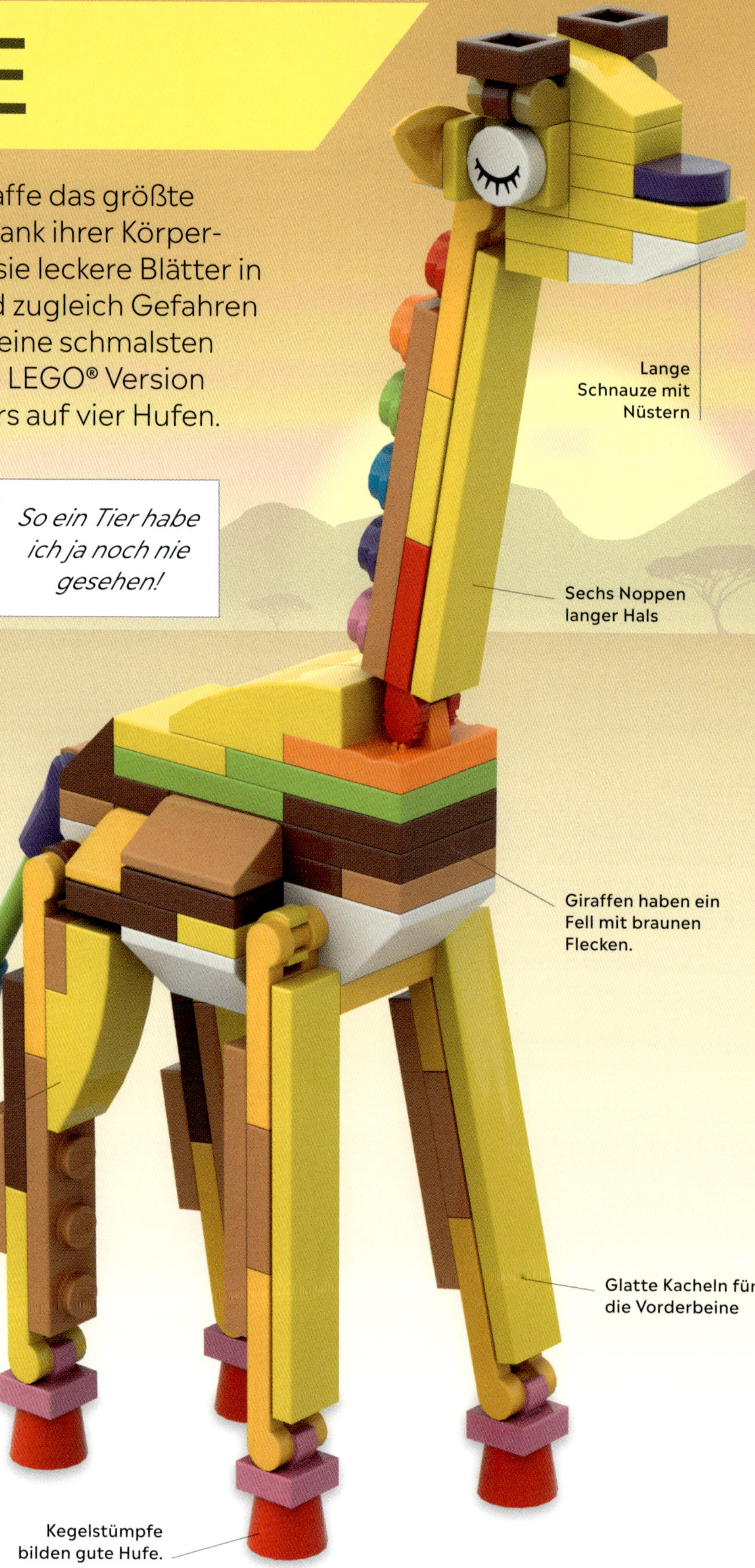

TIERFAKT

Giraffen bringen ihre Jungen im Stehen zur Welt. Dadurch fallen Babys bei der Geburt aus etwa 2 m Höhe auf den harten Boden. Aua! Baue ein Giraffenkalb, um das sich dein erwachsenes Tier kümmern kann.

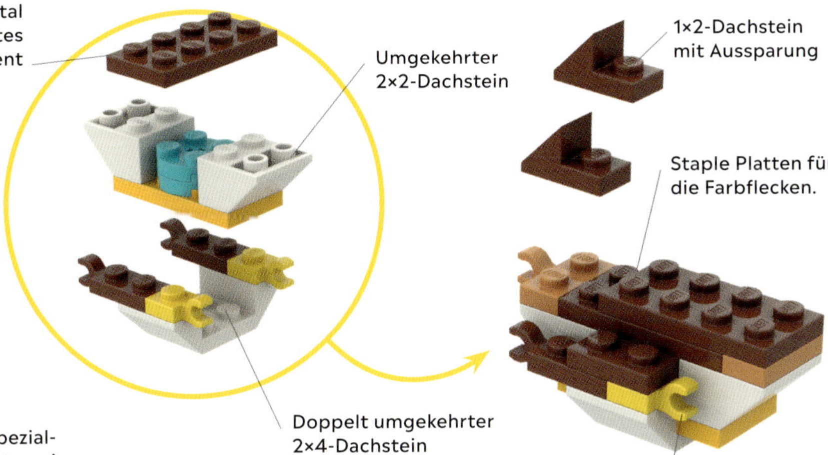

BAUCHBASIS

Der Giraffenkörper wird auf einem doppelt umgekehrten Dachstein aufgebaut. Er bildet den Unterbauch. Verwende einen einfarbigen Stein, da Giraffen hier meist keine Flecken im Fell haben.

RÜCKENSTÜTZE

Giraffen haben eine vorn hochgebogene Wirbelsäule, die den langen, schweren Hals stützt. Für die richtige Form setzt du gebogene Dachsteine auf den Rücken.

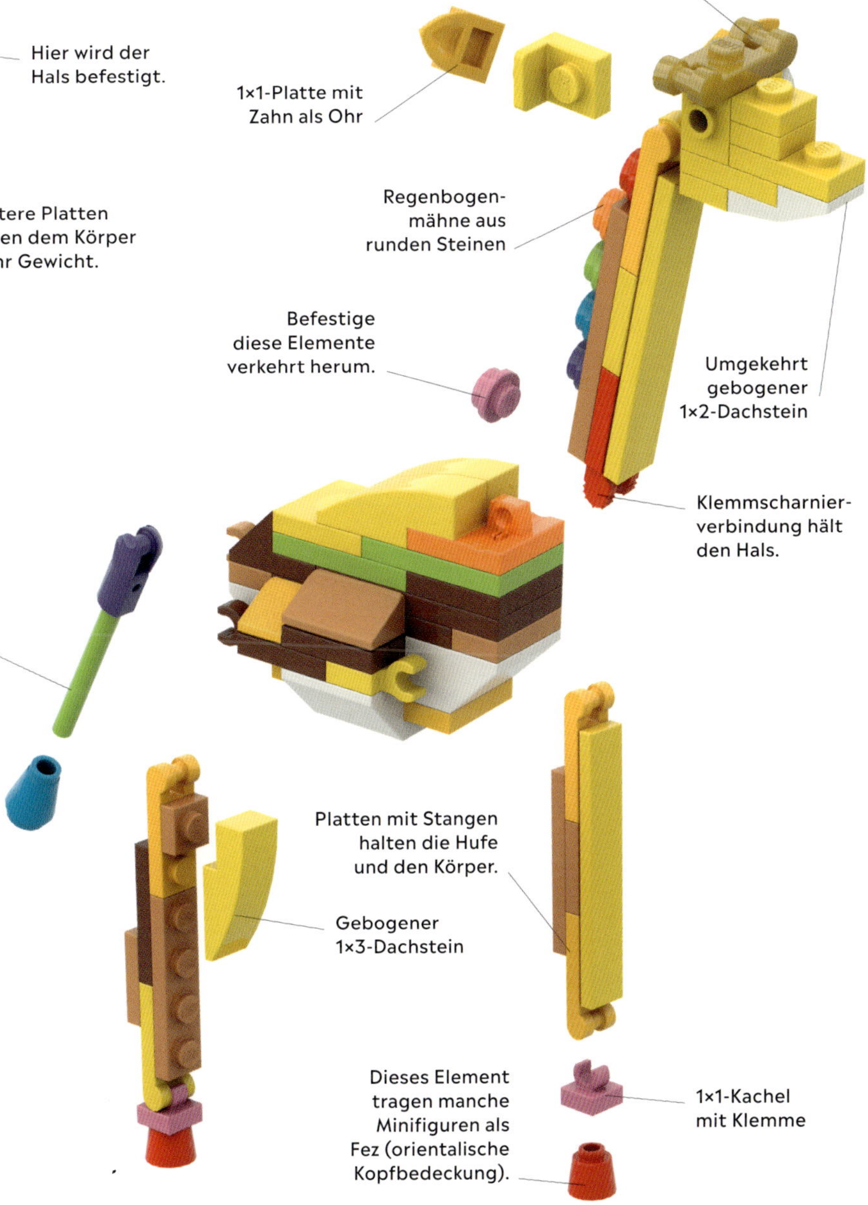

LETZTES BEIN

Nun baust du noch die besonderen Merkmale an: lange Beine und einen superlangen Hals. Setze darauf einen kleinen Kopf mit schmaler Schnauze, kleinen spitzen Ohren und zwei Hornzapfen (Ossicone). Den langen Schwanz benutzt die Giraffe als Fliegenwedel!

FERKEL

So ein Schweinchen ist einfach zum Knuddeln! An diesem Bauernhoftier mit dem Babygesicht ist einfach alles niedlich – von seinen spitzen rosa Ohren bis zu seinem Ringelschwanz. Dabei ist es gar nicht so „sauschwer“ zu bauen! Lass dein LEGO® Ferkel im Stall sitzen so wie hier oder flink zum Futtertrog trippeln.

TIERFAKT

Viele Leute denken, Schweine seien schmutzig und stinken, weil sie sich im Dreck suhlen. Von Natur aus sind sie aber sehr sauber. Das Wälzen im Schlamm kühlt sie ab und schützt ihre Haut vor der Sonne.

RUNDER RUMPF

Da dieses Ferkelmodell am Boden hockt, baust du zuerst sein kleines Hinterteil. Setze auf zwei Steine mit vielen Seitennoppen einen quadratischen Stein.

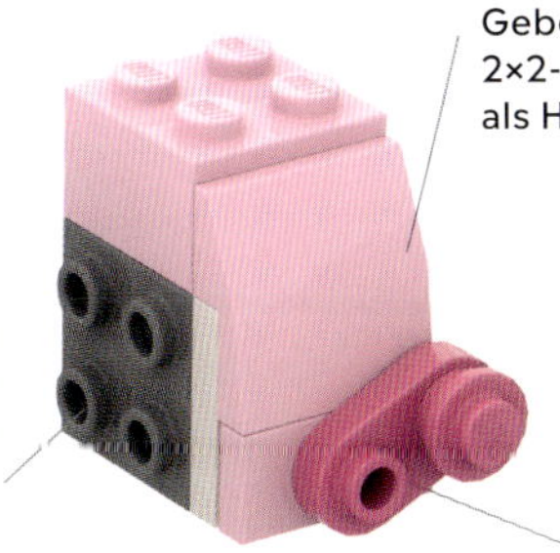

SCHWEINCHENMITTE

Baue nun den Körper weiter auf. Er hat einen rechteckigen Kern. Setze zwei Vorderbeine und zwei stämmige Hinterbeine mit Füßchen an, bevor du die glatten Bauchelemente seitwärts befestigst.

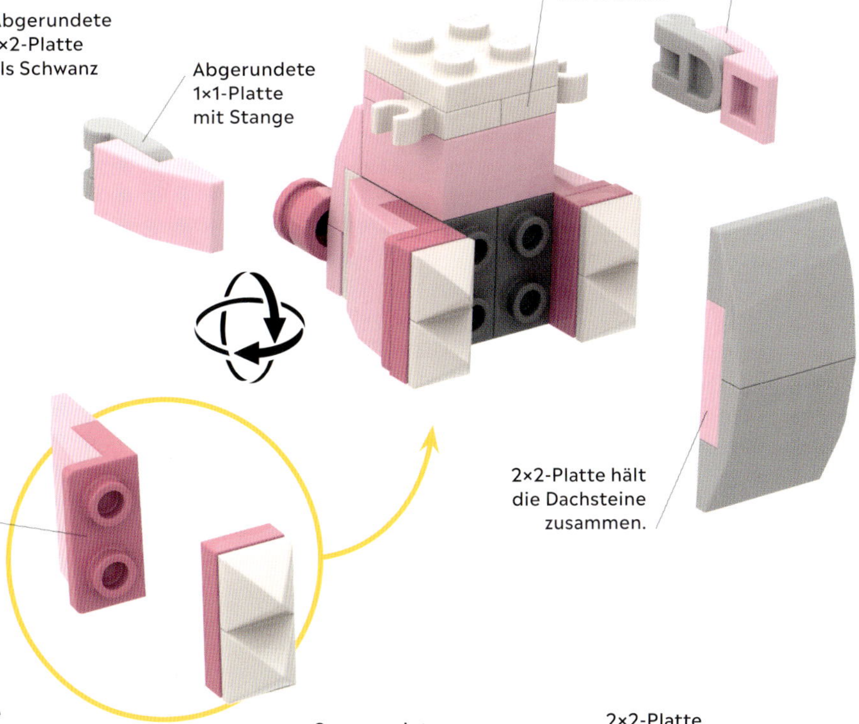

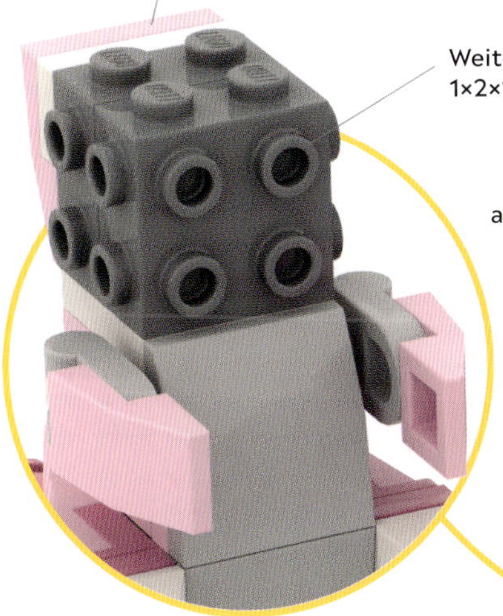

QUIEK, QUIEK

Der Kopf des Schweinchens hat die gleiche Basis aus Steinen mit Seitennoppen wie das Hinterteil. Befestige oben und ringsum gebogene Dachsteine, Platten und Kacheln, um den Kopf zu bilden, und klemme dann die Öhrchen an.

BUNTE TIERE

Die Farbe deiner LEGO® Modelle beeinflusst ihr Aussehen und sagt auch etwas über dich als ihr Baumeister aus. Du kannst also die natürlichen Farben eines echten Tieres genau wiedergeben oder aber mit deinen abgefahrensten Lieblingsfarben eine einmalige Tierart erschaffen – oder beide Techniken zugleich anwenden!

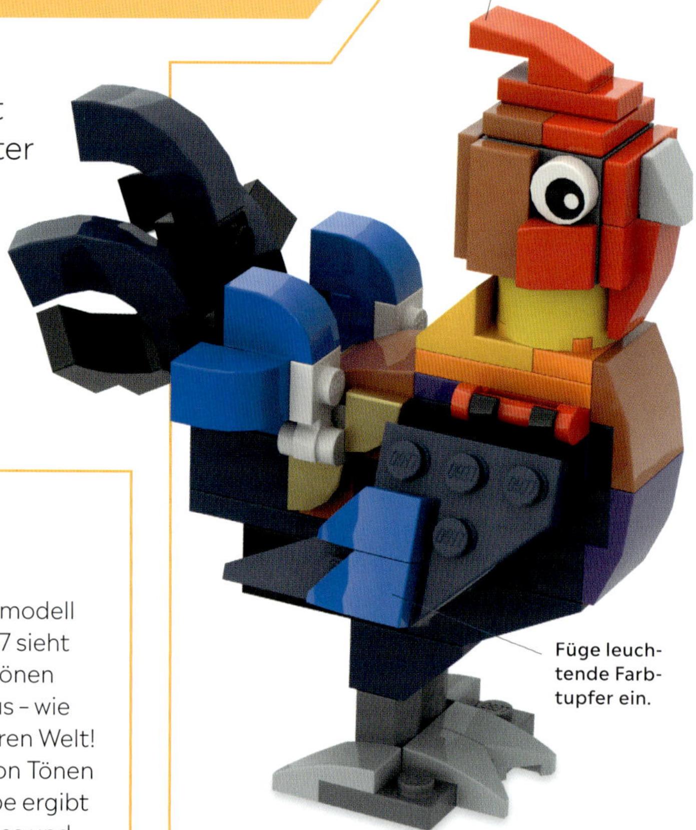

ANDERE FARBEN

Das Kaninchenmodell von Seite 56–57 sieht in diesen Blautönen ganz anders aus – wie aus einer anderen Welt! Das Mischen von Tönen derselben Farbe ergibt ein interessantes und etwas zerzaustes Fell.

ÜBERTRIEBENE FARBTÖNE

Die Farben dieses Hahns basieren auf dem Gefieder des echten Tiers, wirken aber an diesem Modell noch lebendiger. Schau dir Bilder eines Tiers an und überlege, welche LEGO Farben ihre natürlichen Farbtöne verstärken könnten.

Dunkelblaue Elemente tönen das Lila ab.

Das Innere des Mauls ist rosa.

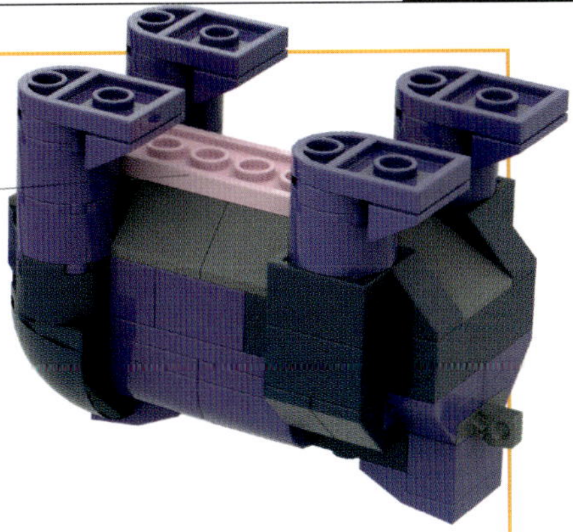

Bauch aus rosa 2×8-Platten

BUNT GEMISCHT

Die Farben deiner Modelle sind nicht vorgeschrieben. Ein Tier ist sogar besser zu erkennen, wenn du natürliche mit ausgefallenen Farben mixt. Die rosa Zunge und Bauchhaut dieses Flusspferds gleichen den Farbtönen des echten Tiers. Der Körper ist aber nicht grau wie in der Natur, sondern leuchtend lila.

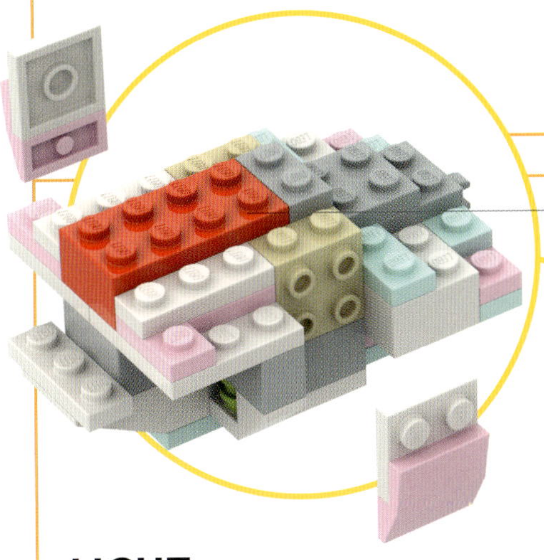

Im Inneren des Modells kannst du jede Farbe verwenden.

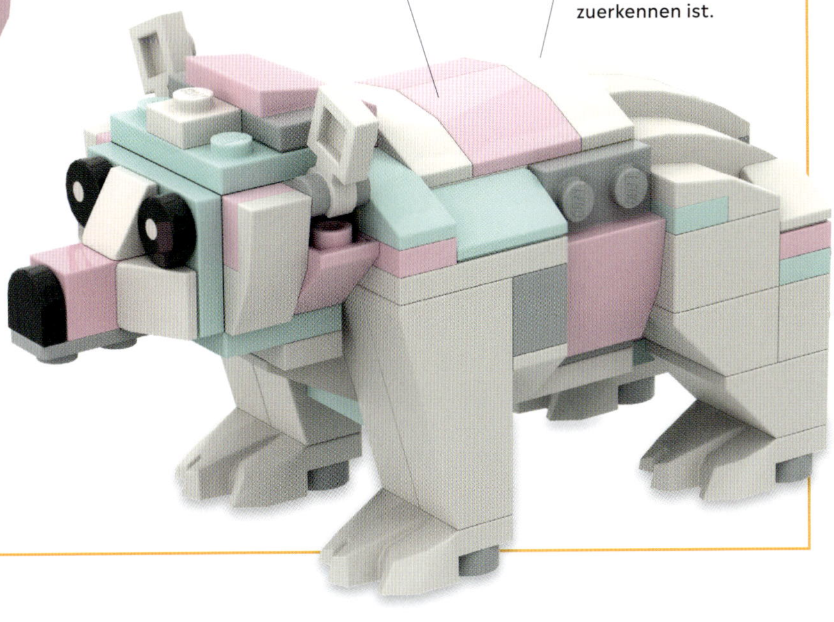

Rücken mit farbigen Streifen

Füge natürliche Farben ein, damit das Tier wiederzuerkennen ist.

LICHT REFLEKTIEREN

Ist ein Tier einfarbig, kannst du ihm auf kreative Weise viel Pep verleihen, indem du weitere Farben verwendest. Bei diesem Modell sind blasse Blau- und Rosatöne unter die weißen und grauen Steine gemischt. Echte Eisbären haben eine gelblich weiße Farbe, also kannst auch du gelbe Elemente hinzufügen.

SEGELFLOSSER

Der Segelflosser ist nach seinen langen Wedelflossen benannt. Dieser hier hat einen silbrig gelben Körper mit schwarzen Streifen. Es gibt aber viele Segelflosser-Arten, also kannst du dir einfach irgendeine Farbe aussuchen. Die hübschen Fische schlängeln sich mit ihrem breiten, flachen Körper durch Unterwasserpflanzen und Korallen.

TIERWISSEN

Die Farben des Segelflossers verraten seine Stimmung. Sie leuchten hell, wenn der Fisch zufrieden und satt ist, und sind blasser, wenn es ihm nicht gut geht. Wie fühlt sich dein Segelflosser?

SEITENSCHWIMMER

Der Körper des Segelflossers besteht an den Seiten aus vielen Platten und Steinen. Beginne mit einer langen Platte wie dieser gelben 1×8-Platte und füge auf beiden Seiten weitere hinzu. Baue auch Platten mit Klemmen ein, an denen später zwei Flossen sitzen können.

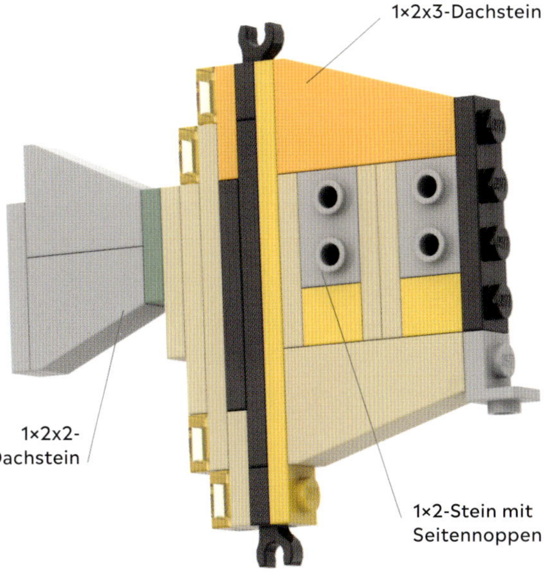

FISCHMERKMALE

Baue den Körper auf beiden Seiten weiter auf. Zwei Dachsteine an der Vorderseite bilden die typische Pfeilform des Fisches, während zwei kleinere Dachsteine auf dem Rücken die Rückenflosse darstellen.

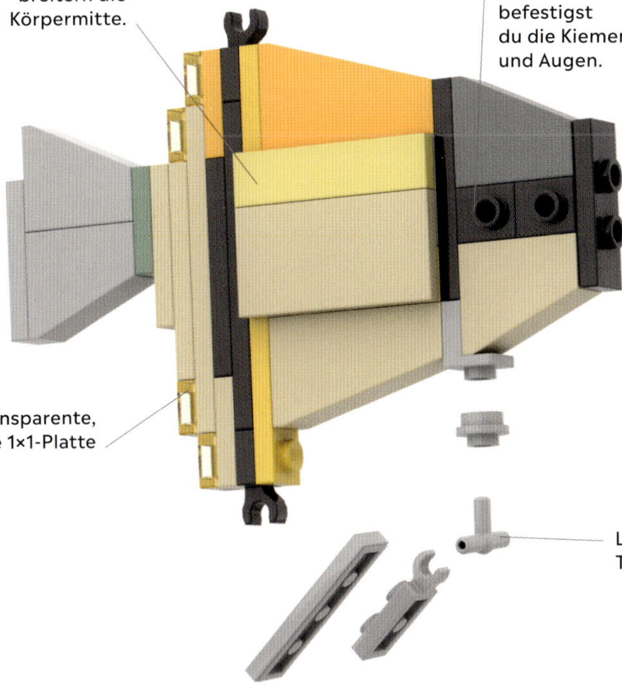

FIN(N)ALE

Zum Schluss baust du die Gesichtszüge und weitere Flossen oder Finnen an. Einige dieser Finnen sitzen mithilfe von Verbindungen aus Klemmen und Stangen am Fischkörper. Dagegen hängen die beiden Teile der Bauchflosse an einem T-Element an der Unterseite des Körpers.

MAUS

Fiep, fiep! Dieses flinke Tierchen ist schnell gebaut. Gib deinem Modell große Ohren, ein Schnüffelnäschen und einen langen Schwanz wie bei einer echten Maus. Mäuse vermehren sich sehr rasch, also könntest du eine ganze Familie bauen, die bei dir zu Hause herumwuselt! Halte sie aber lieber von euren Lebensmitteln fern …

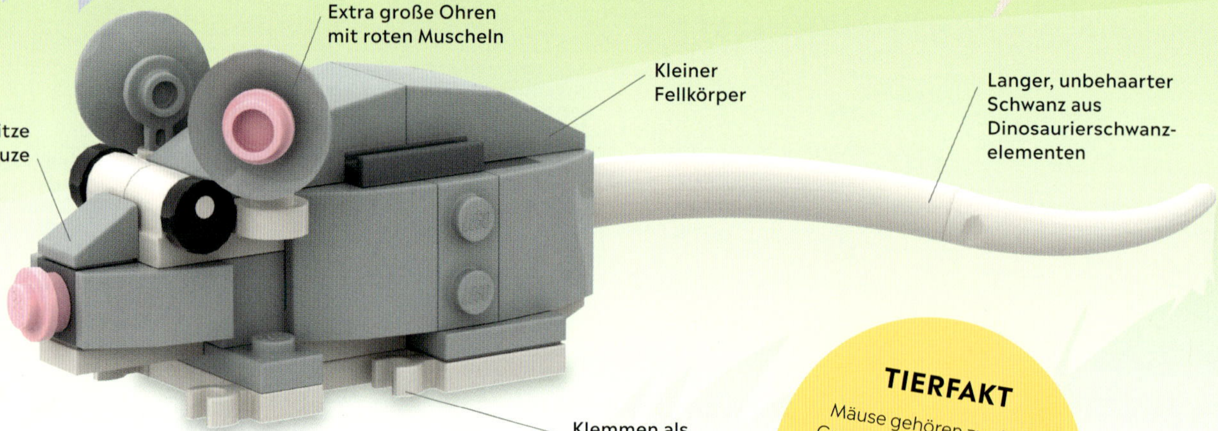

TIERFAKT

Mäuse gehören zu einer Gruppe kleiner Säugetiere, den Nagetieren. Auch Ratten, Eichhörnchen, Hamster, Biber und Stachelschweine sind Nagetiere. Welche LEGO Nagetiere könntest du noch bauen?

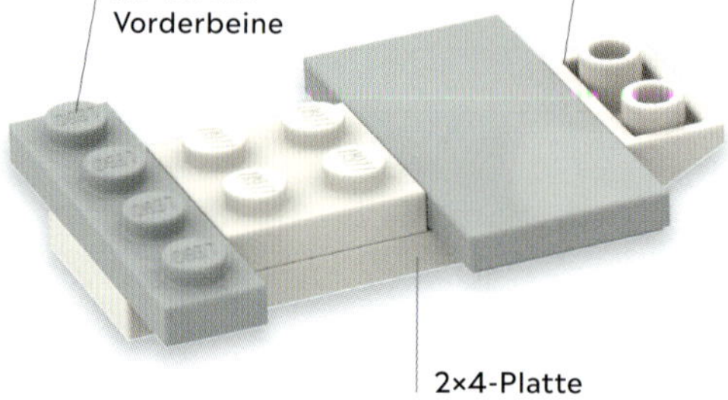

BAUCHBASIS

Mäuse haben ein weiches, helles Fell am Bauch, also beginnst du mit einer weißen 2×4-Platte. Schließe dahinter einen umgekehrt gebogenen Dachstein für den runden Rücken an und verbinde die beiden Elemente durch eine graue Platte für die Oberteile der Mäuschenbeine.

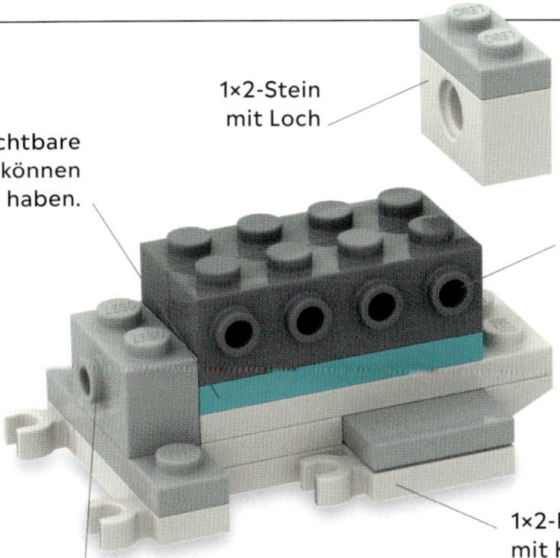

KLEMMEN ALS KRALLEN

Befestige vier Platten mit Klemmen unter den grauen Elementen für die beiden Bein- und Krallenpaare. Baue dann vom Bauch nach oben und füge Elemente mit Verbindungspunkten für Kopf und Schwanz sowie für die mit Fell bedeckten Seiten ein.

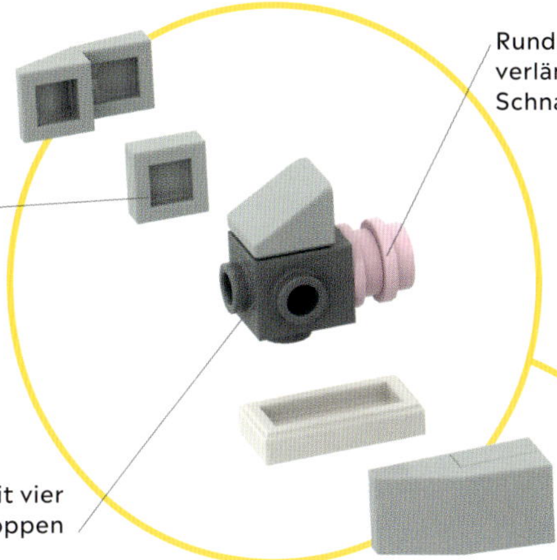

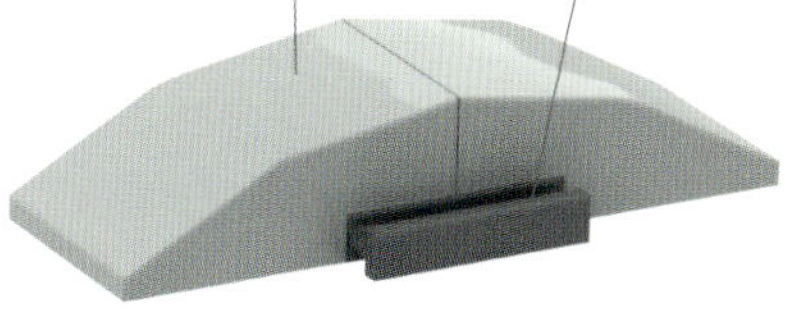

UND NUN DIE SCHNAUZE ...

Mäuse haben eine lange, etwas spitze Schnauze. Befestige einen Dachstein und zwei gebogene Dachsteine an einem Stein mit Seitennoppen. Runde den Mauskörper mit weiteren gebogenen Dachsteinen ab.

OHREN, AUGEN, NASE, SCHWANZ

Mäuse benötigen große Ohren, um Fress-feinde frühzeitig zu bemerken. Für dieses Modell steckst du runde Platten mit Stangen senkrecht in offene Noppen und befestigst hinten an jeder Platte eine Radarschüssel. Nun noch die Augen, die Nase und der Schwanz – fertig ist die Maus!

FELL UND FEDERN

Das Tierreich ist unglaublich vielfältig. Experimentiere mit deiner LEGO® Sammlung und verleihe deinen Tieren mit unterschiedlichen Fellen, Pelzen, Federn oder Schuppen ein ganz besonderes, einzigartiges Äußeres. Diese Ideen zeigen dir, wie du verschiedene Felle und Federn gestalten kannst. Noch mehr Anregungen findest du, wenn du durch dieses Buch blätterst.

FEDERFÄCHER

LEGO Federn lassen sich mit vielen Elementen bauen, z. B. mit kleinen Blattelementen, wie der fantastische Fächer dieses Pfaus hier zeigt (mehr dazu auf Seite 72–73). Auch Herz- und Viertelkreiskacheln erzielen interessante Effekte.

LOCKENPELZ

Die Pelze und Felle vieler Tiere haben eine ungewöhnliche Struktur. Spiele mit deinen LEGO Elementen, um das richtige Aussehen hinzubekommen. Dieses Schaf (mehr dazu auf Seite 26–27) hat einen dicken Pelz aus Lagen runder Platten, mit hängenden Büscheln um die Beine und die Brust.

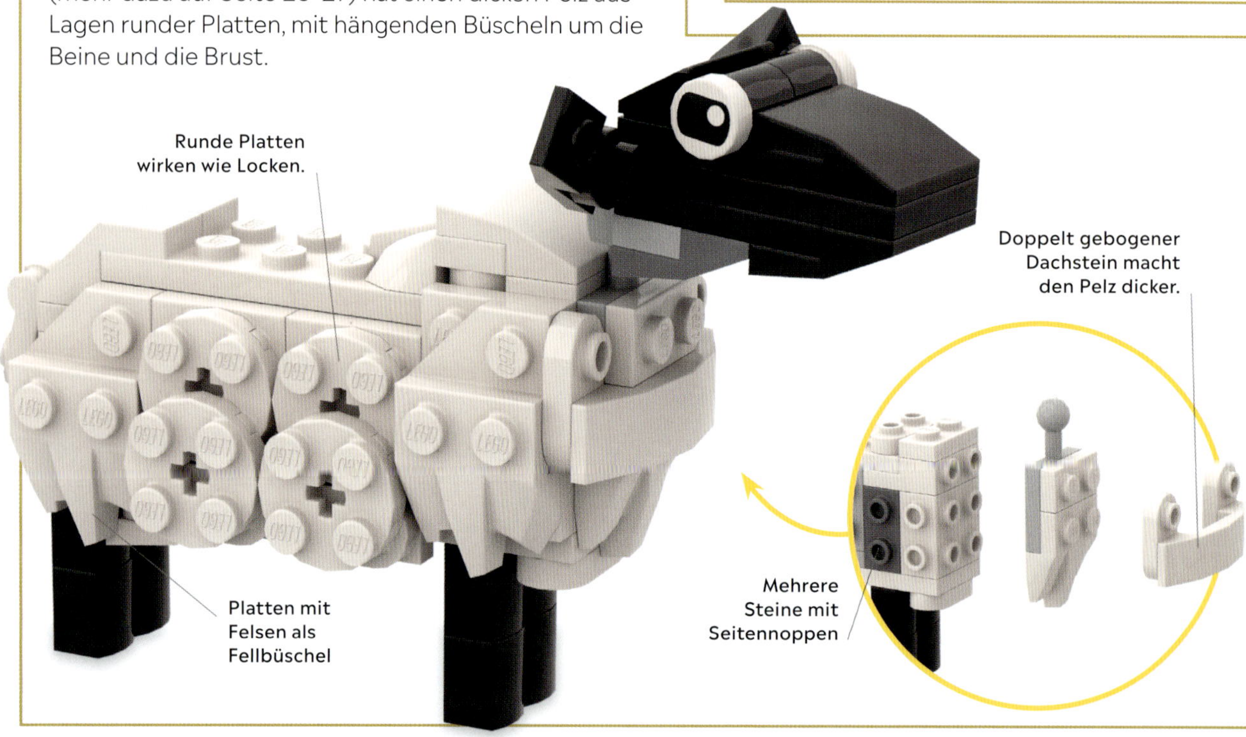

BUSCHIGER SCHWANZ

Wusstest du, dass ein Fuchs seinen buschigen Schwanz bei Kälte wie eine Decke um den Körper legt? Mit gebogenen Dachsteinen wirkt die „Rute“ besonders flauschig. An diesem Schwanz sitzen sie in drei Richtungen an einer Reihe von Steinen mit Seitennoppen.

Ich kann auch meine Federn spreizen!

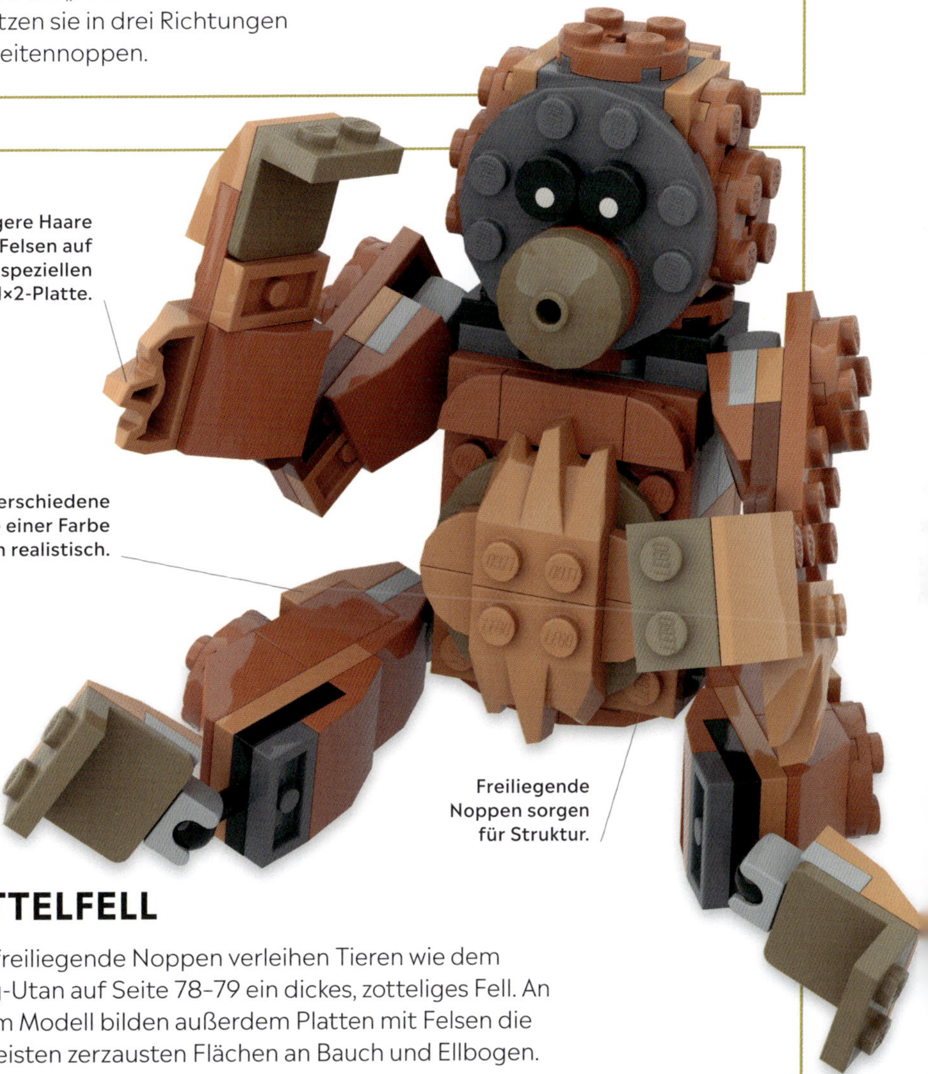

ZOTTELFELL

Viele freiliegende Noppen verleihen Tieren wie dem Orang-Utan auf Seite 78–79 ein dickes, zotteliges Fell. An diesem Modell bilden außerdem Platten mit Felsen die am meisten zerzausten Flächen an Bauch und Ellbogen.

PAPAGEI

Für dieses Modell brauchst du keine Spezialelemente – es genügen ein paar bunte LEGO Steine und Platten! Papageien leben in den warmen Wäldern der Tropen. Statte deinen Papagei mit einem schönen Gefieder aus und baue ihm große Flügel, einen Hakenschnabel und kräftige Krallen. Kann er auch sprechen?

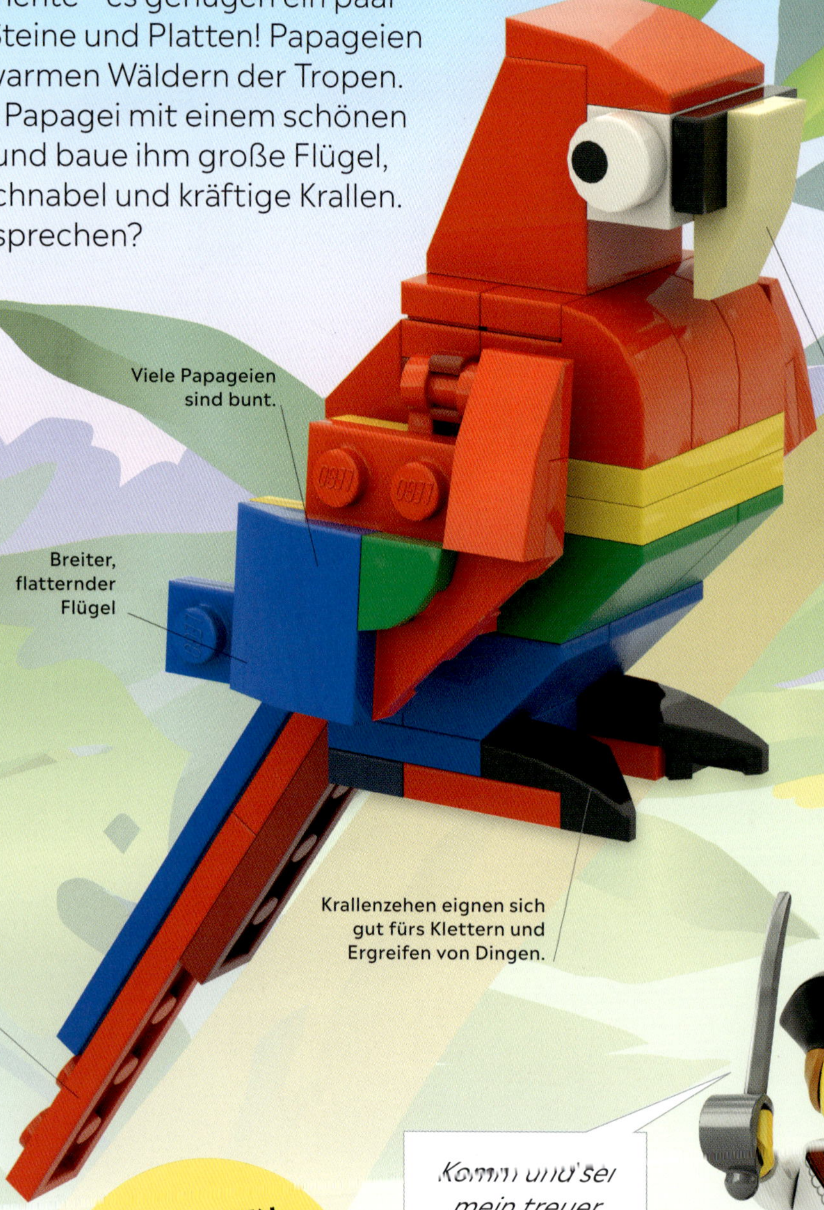

TIERWISSEN

Viele Papageien haben ihr ganzes Leben lang nur einen Partner. Papageienpärchen leben zusammen und suchen gemeinsam nach Nahrung. Baue für diesen LEGO Papagei also am besten gleich noch ein Weibchen dazu!

Diese Elemente bilden den Rücken.

1×2×2-Dachstein

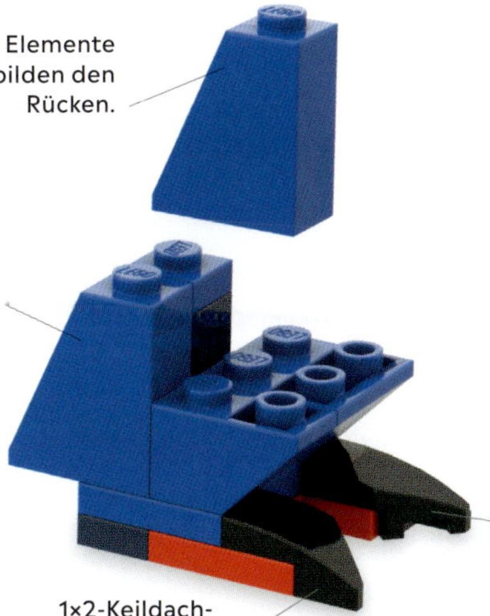

1×2-Keildachstein (links)

1×2-Keildachstein (rechts)

Schwanzfedern sitzen an diesem Element.

Kleine Platten bilden die erste Lage.

DIE FÜSSE ZUERST

Wenn du einen sitzenden Papagei wie diesen hier baust, beginnst du mit den Füßen. Die spitzen Enden von Keildachsteinen wirken genau wie Krallen. Baue dann oben auf die Füße weitere Dachsteine, um den Vogelkörper zu gestalten.

BUNTE TEILE

Manche Papageien haben nur eine lebhafte Farbe, andere sind mehrfarbig. Das Gefieder dieses Papageis enthält leuchtendes Rot, Blau, Gelb und Grün. Du kannst in dieser Phase aus bunten Elementen auch Streifen darstellen.

Diese dunkelroten Platten halten die Flügel.

Nach oben abgewinkelte Brust

Gebogener 2×2-Dachstein bildet den Schädel.

2×2×2-Dachstein

Drei gebogene Dachsteine

Viertelkacheln wirken wie Gefieder.

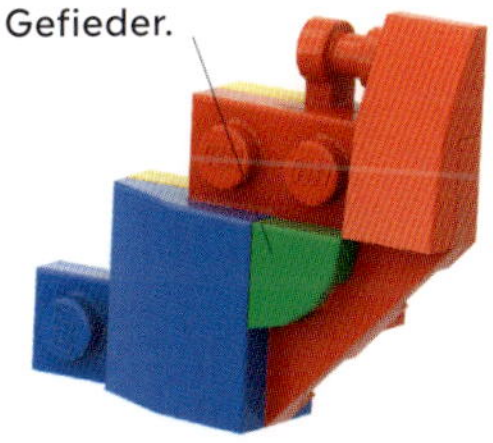

1×2-Platte mit Stange

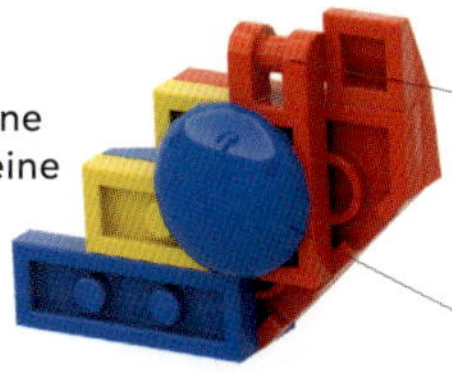

Der Flügel ruht auf dieser Gleitplatte.

LINKER FLÜGEL (RÜCKSEITE)

Dieses Element sitzt hinten an einer Klemme.

Schmale Kacheln und Platten wirken wie lange Federn.

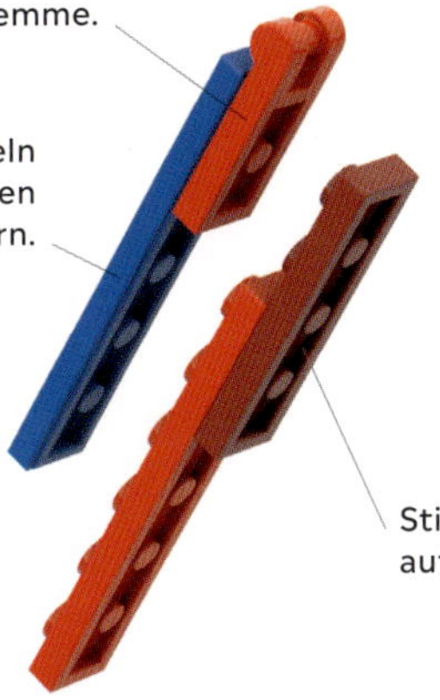

Stimme die Farben auf den Körper ab.

GANZ BEFLÜGELT

Schließe die Brust deines Vogels mit gebogenen Dachsteinen ab und baue dann den Kopf darauf. Ein Dachstein hat die richtige Form für den Hinterkopf. Klemme schließlich Flügel an die Seiten des Vogels und lange Schwanzfedern hinten an – fertig ist dein sitzender Papagei.

KAMEL

Dieses erstaunliche Tier ist perfekt an das Leben in heißen, trockenen Gebieten angepasst. Es kann ohne Nahrung oder Wasser durch die Wüste wandern – dank seines Höckers, dessen Fett das Tier tagelang ernährt. Baue ein Kamel mit langem Hals, kräftigen Beinen und einem sandbraunen Fell. Wie viele Höcker hat es?

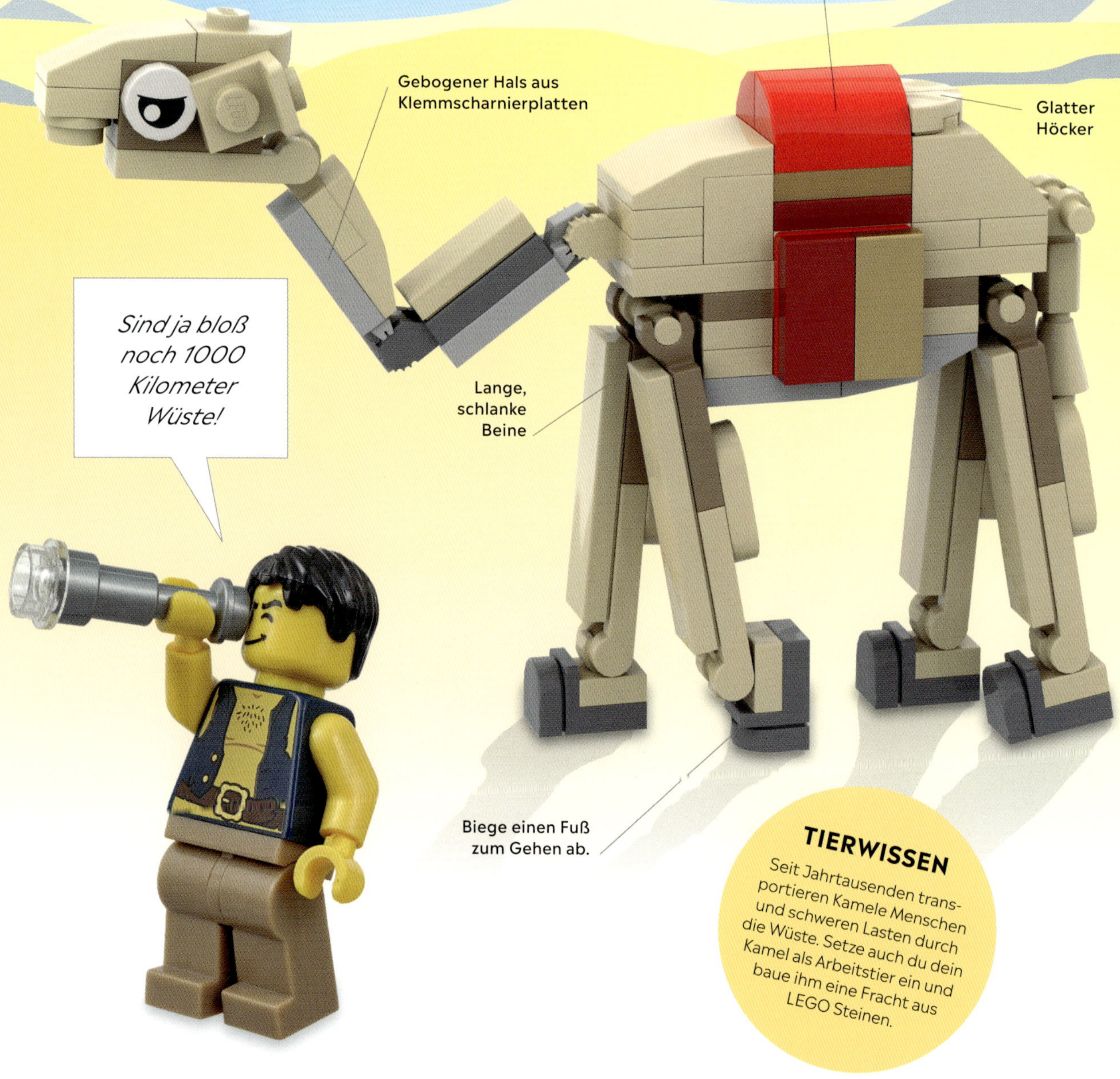

TIERWISSEN

Seit Jahrtausenden transportieren Kamele Menschen und schweren Lasten durch die Wüste. Setze auch du dein Kamel als Arbeitstier ein und baue ihm eine Fracht aus LEGO Steinen.

AUFSATTELN

Beginne mit dem gewölbten Bauch deines Kamels und baue dann eine bunte Satteldecke auf den Rücken. Sie besteht aus zwei Winkelplatten, die innen so glatt wie Kacheln sind. So passt alles genau auf die langen Bauchseiten.

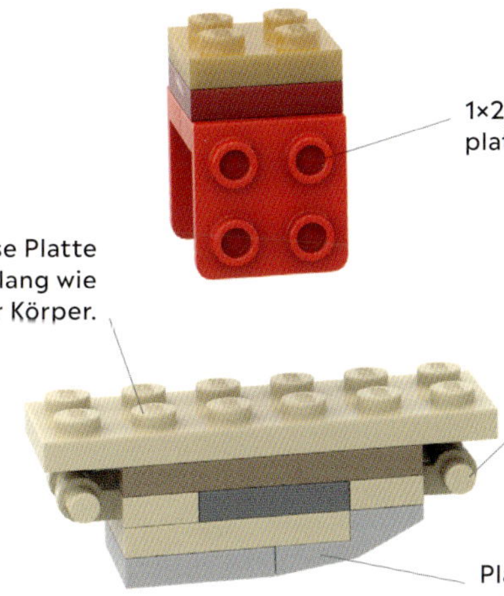

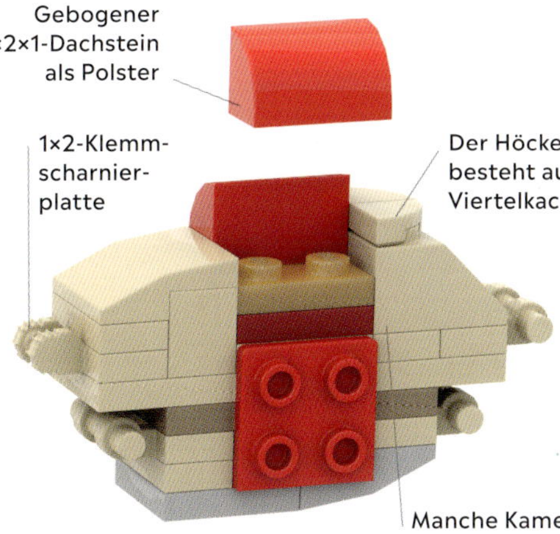

RÜCKEN UND HÖCKER

Baue nun den oberen Kamelkörper und den Sattel auf. Der obere Rücken sollte sich nach unten neigen und muss mindestens einen Höcker haben. Denke auch daran, in diesem Abschnitt Verbindungselemente für Hals und Schwanz einzubauen.

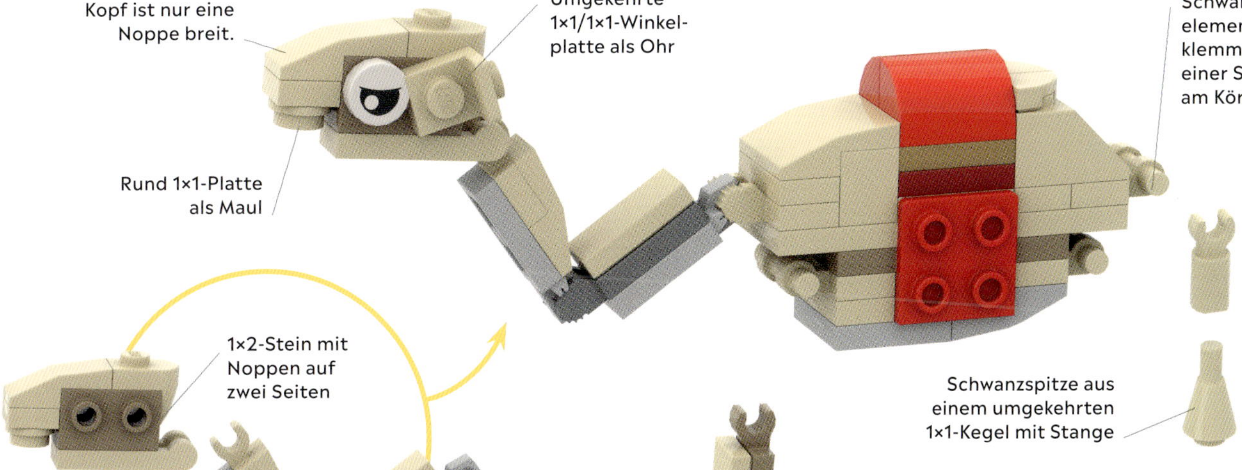

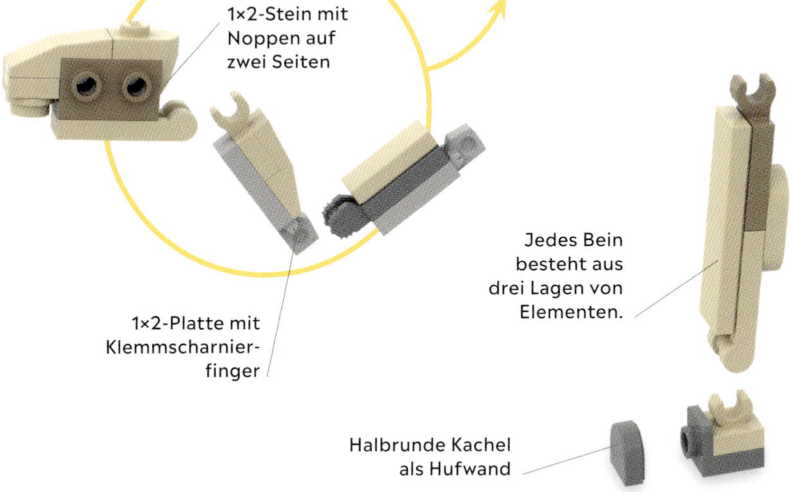

REITFERTIG

Baue in den langen Hals deines Kamels Klemmscharnierverbindungen ein, um ihn abzuwinkeln. Setze darauf einen kleinen Kopf und baue ans Hinterteil einen wedelnden Schwanz an. Nun fügst du noch die schlanken Beine und die Füße hinzu – jetzt ist das Kamel reitfertig.

ZÄHNE UND KRALLEN

Hast du heute schon etwas gegessen? Sieh nur, wie anders als deine die Zähne dieser Tiere aussehen. Je nach Art ihrer Nahrung sind Tierzähne spitz oder stumpf, lang oder kurz. Um lebende Beute zu packen, haben zudem viele Tiere messerscharfe Krallen oder Klauen. Hier sind ein paar Ideen, wie du sie in deinen Modellen umsetzen kannst.

KROKODIL

ZÄHNE

Wenn ein Tier bekannt für seine Zähne ist, solltest du sie auch in dein LEGO® Modell einbauen. Dafür eignen sich perlweiße Elemente genauso gut wie andere Steine, solange sie spitz, klein und hellfarbig sind (oder gelb, falls dein Tier sich nicht die Zähne putzt ...).

SCHLANGE

LÖWE

FAULTIER

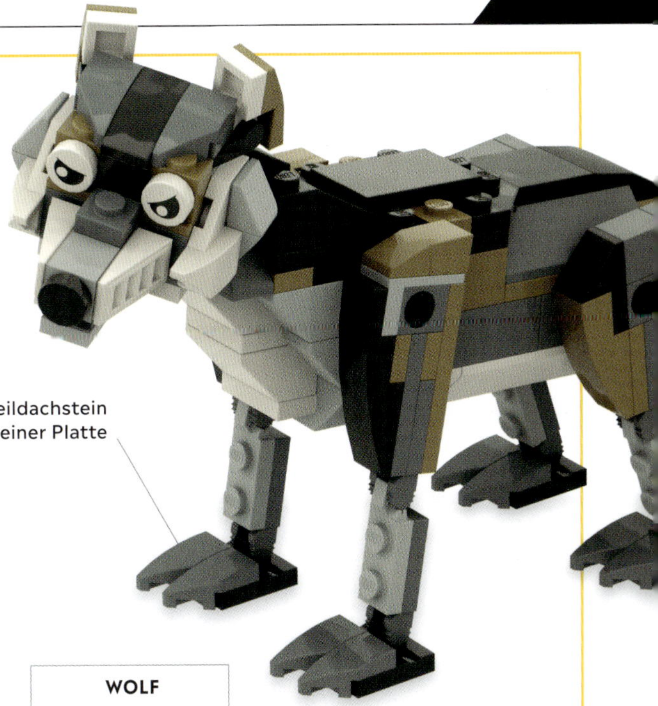

WOLF

KRALLEN

Probiere aus, wie du Hörner, Krallen, Zähne oder spitze Kacheln an den Pfoten, Händen oder Füßen deiner Tiere als Krallen oder Klauen befestigen kannst. Krallen werden beweglich, wenn du sie mit Elementen wie Klemmen und Stangen verbindest.

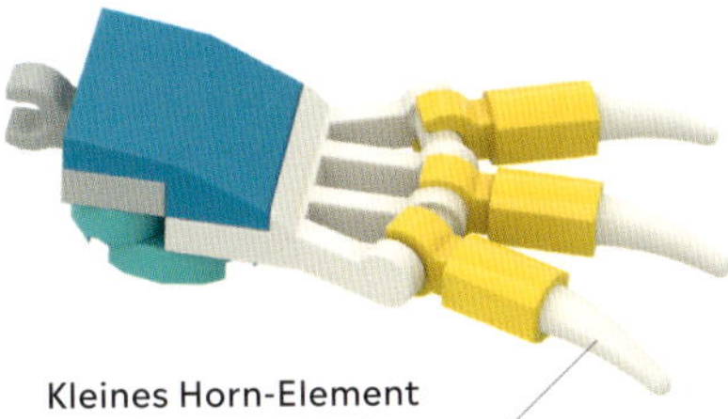

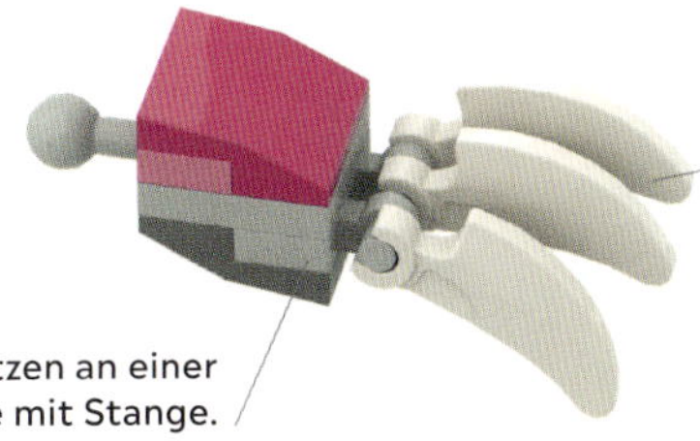

STOSSZÄHNE

Elefanten, Walrosse und das Flusspferd auf Seite 74–75 haben Stoßzähne oder Eckzähne. Anders als normale Zähne wachsen sie immer weiter und können sehr lang werden. Die Eckzähne des Flusspferds sind kürzer als Elefanten-Stoßzähne, da sie aufeinander mahlen.

OKTOPUS

Dieses legendäre Meereslebewesen ist berühmt für seine acht langen, kräftigen Arme. Sie wedeln hinter dem runden Körper des Oktopus her, wenn er durch dunkle Ozeantiefen schwimmt. Seine hervorstehenden Augen erspähen Beute wie Krabben, Muscheln und Hummer – und manchmal sogar auch größere Tiere wie Haie.

TIERWISSEN

Oktopusse wechseln ihre Farbe, um mit Artgenossen zu kommunizieren oder sich ihrer Umgebung anzupassen. Baue deinen Oktopus so, dass er in deinem Zimmer „unsichtbar" ist.

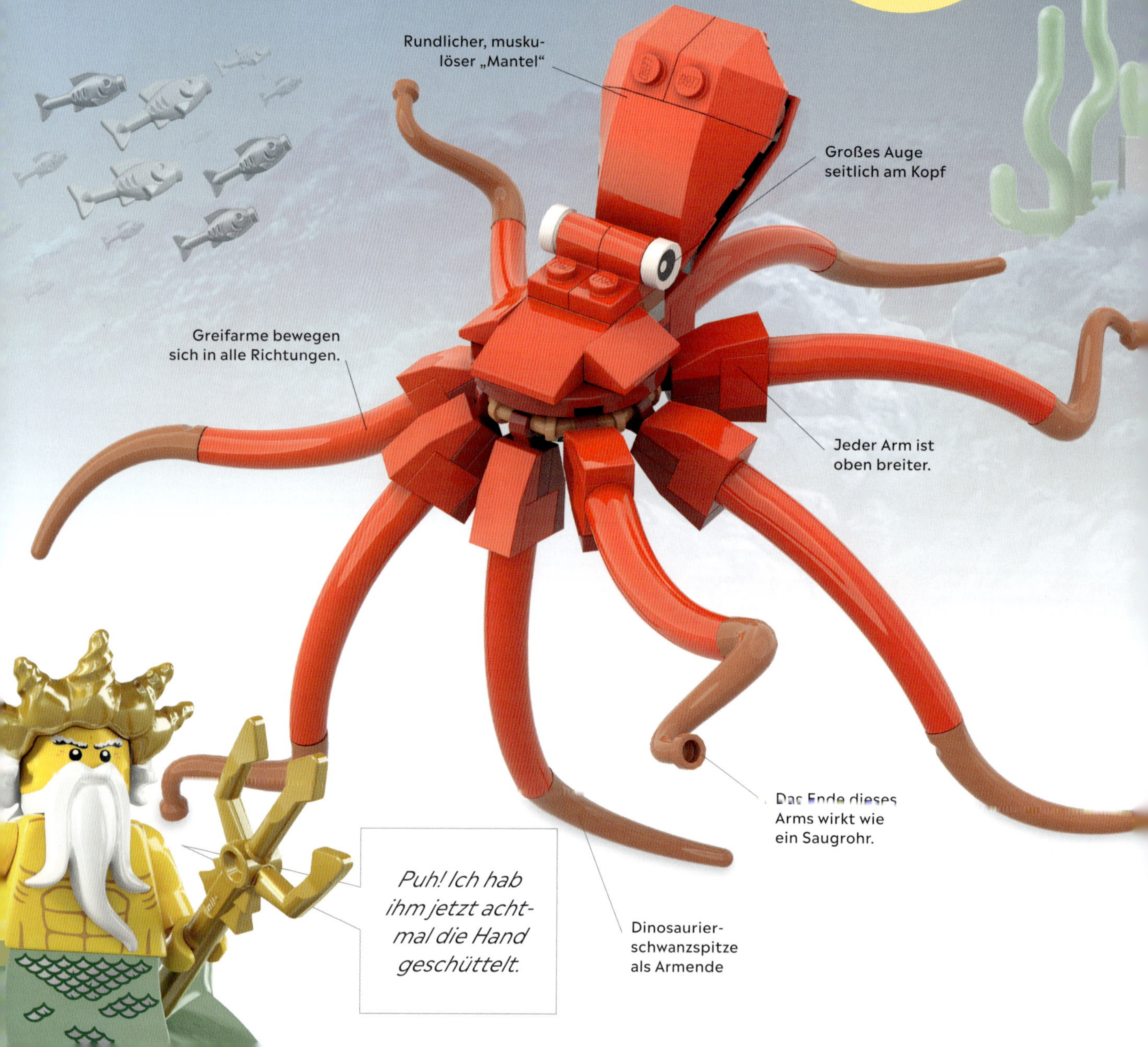

ZUERST DER MANTEL

Baue zuerst die Basis des Oktopuskörpers (oder „Mantels"). Sehr nützlich ist ein spezielles Element, falls du es hast: die runde 2×2-Platte mit acht Stangen. Daran lassen sich später alle acht Arme des Oktopus klemmen.

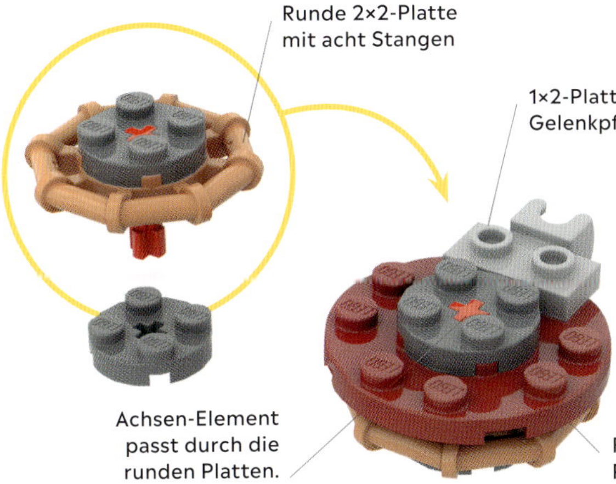

BAUCHIGE BASIS

Der Mantel umhüllt alle lebenswichtigen Organe des Oktopus. Deshalb braucht er nun etwas Höhe und Tiefe. Verkleide die Basis mit glatten Dachsteinen. Verbinde sie dann hinten durch ein Kugelgelenk mit einem größeren Bauteil.

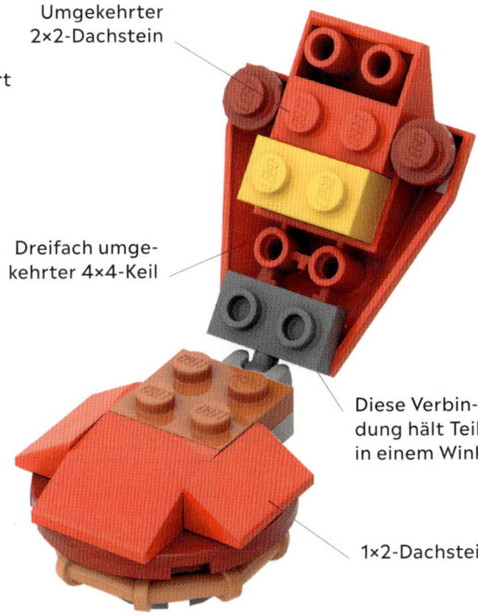

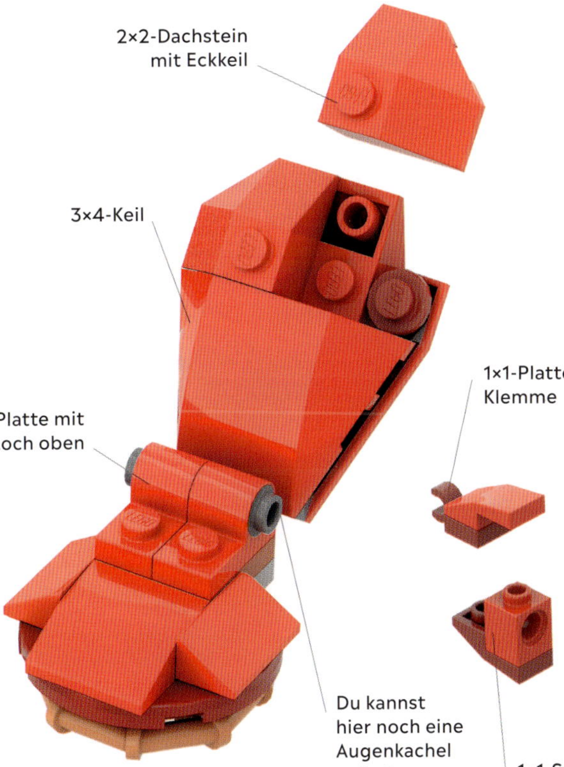

SCHLÜPFRIGE ARME

Verkleide den Mantel mit abwärts geneigten Elementen und füge die Augen-Verbindungen hinzu. Nun sind die Tentakel dran. Die Basis wird immer gleich gebaut. Für die Spitzen gibt es zwei Möglichkeiten – je nachdem, welche coolen Anhängsel-Elemente du in deiner Sammlung hast.

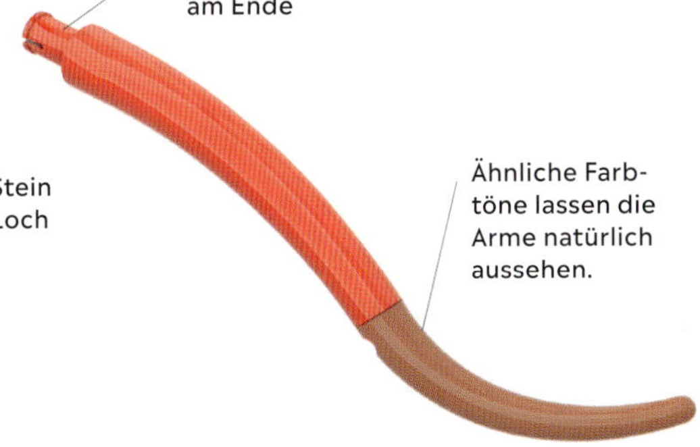

SCHAF

Dieses wollige Wunder sieht man oft auf Wiesen und Weiden. Versuche, es nachzubauen. Nimm dazu deine schwarzen, weißen und grauen Elemente und gestalte weißes Zottelfell, ein kleines schwarzes Gesicht und schwarze Beine. Schafe leben gern in großen Gruppen. Am besten baust du also gleich eine ganze Herde!

TIERWISSEN

Schafe haben Wolle am Körper, die sie im Winter wärmt. Im Sommer wird ihr Fell geschoren. Schere deine LEGO Schafe, indem du für warmes Wetter kürzere Locken anbaust!

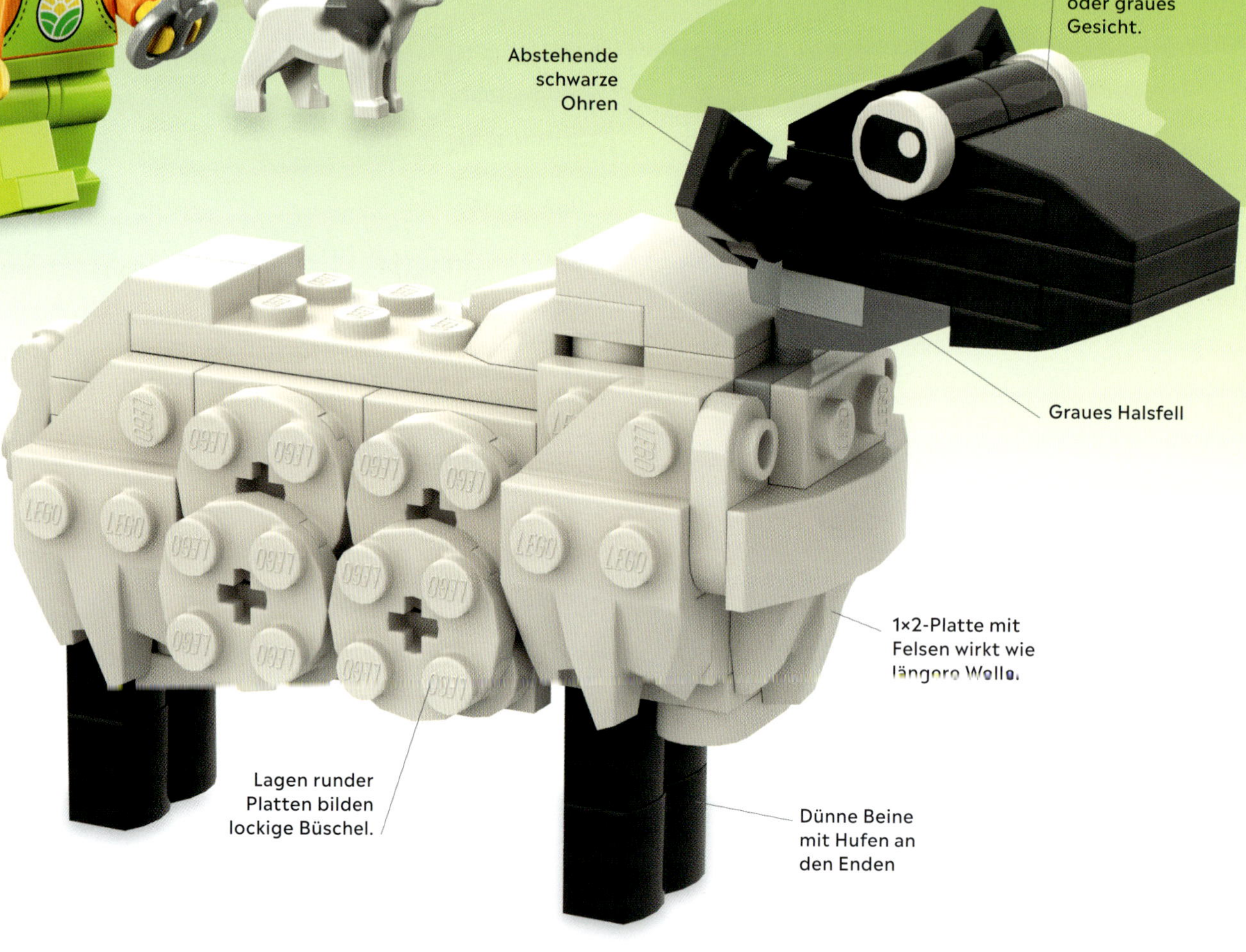

BAUKLOTZ

Baue für das LEGO Schaf zuerst einen großen Klotz aus Steinen mit Seitennoppen. An ihnen wird später das Fell befestigt. Füge dann ein Element mit Klemme oder ein anderes Verbindungselement hinzu. Dort wird später das Schwänzchen sitzen.

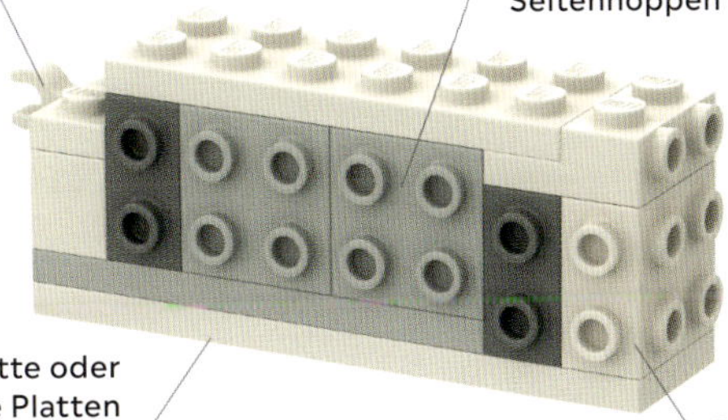

KURZE BEINE

Zwei jeweils vorn und hinten am Körper gestapelte Steine ergeben vier dünne Schafbeine. Schafe haben gerade Hufe, du musst also keine Füße bauen! Gestalte noch eine wollige Brust und forme dann den Rücken des Schafs.

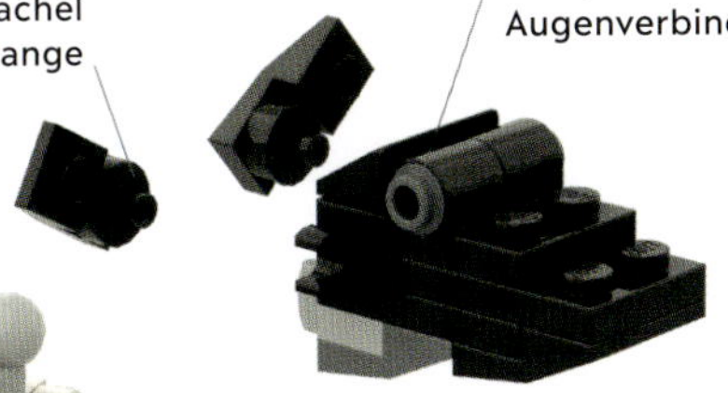

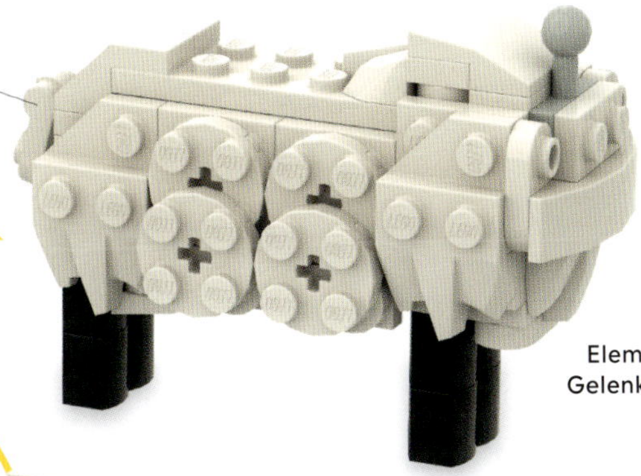

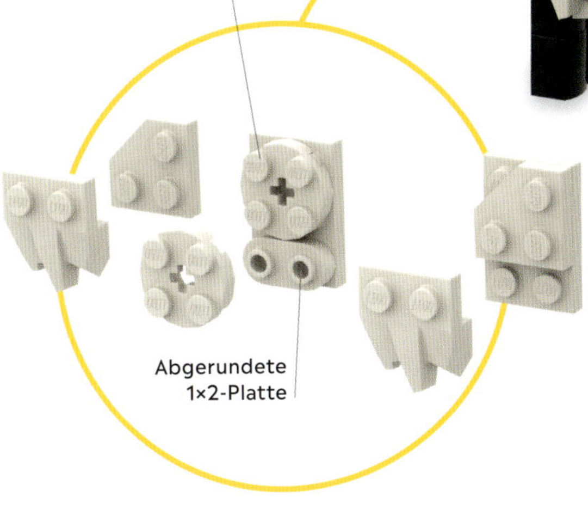

WOLLIGES FELL

Gestalte mit lockig wirkenden Elementen ein tolles Fell. Viele runde und zackige Elemente geben dem Fell ein natürliches, zotteliges Aussehen. Am Ende baust du noch einen kleinen, schwarzen Kopf und ein kurzes Wollschwänzchen an.

HÖRNER UND GEWEIHE

Geweihe und Hörner sind nicht dasselbe, doch sie sitzen alle am Kopf! Es gibt viele praktische Elemente, mit denen du die verschiedensten Formen von „Kopfschmuck“ genau nachbauen und an deinen LEGO® Modellen befestigen kannst. Hier findest du ein paar gute Ideen.

Lange gerade Hörner aus großen Krallen

STIER

HÖRNER

Die Hörner von Kühen, Ziegen, Schafen und Antilopen bestehen aus Knochen. Ein Tier behält sie sein Leben lang. Probiere aus, wie du die spitzen Elemente oben oder seitlich an deinen Tierköpfen befestigen kannst.

Kleine Hörner passen in runde Platten mit Löchern.

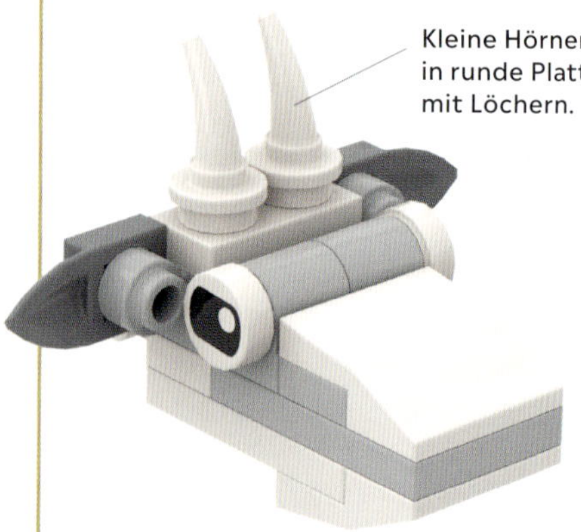

ZIEGE

Die Hörner dieser Rasse sitzen weiter auseinander.

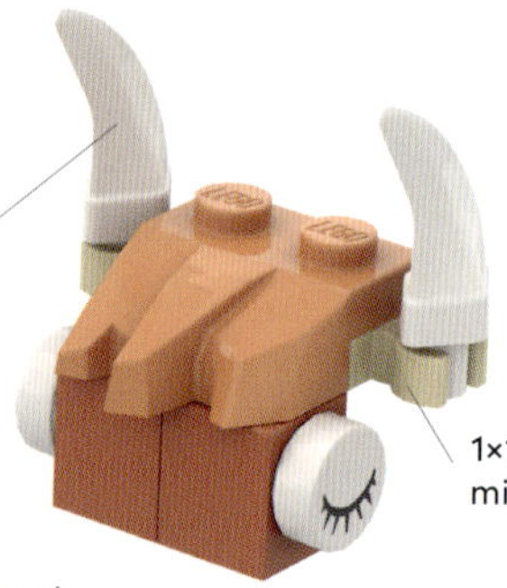

HOCHLANDRIND

1×1-Platte mit Klemme

MINIKUH

Kleine runde Kachel mit Stange für Horn

Diese Kuh und weitere Mikrotiere findest du auf Seite 58–59.

Meine Hörner sind die schönsten!

GEWEIHE

Geweihe, wie die der Hirsche, Elche und Rentiere, werden jedes Jahr abgeworfen und wachsen wieder nach. Vertraue deiner Fantasie, wenn du LEGO Geweihe aus allen möglichen Elementen baust. Wie oft und wie verschieden werden die Geweihe deiner Rentiere wohl nachwachsen?

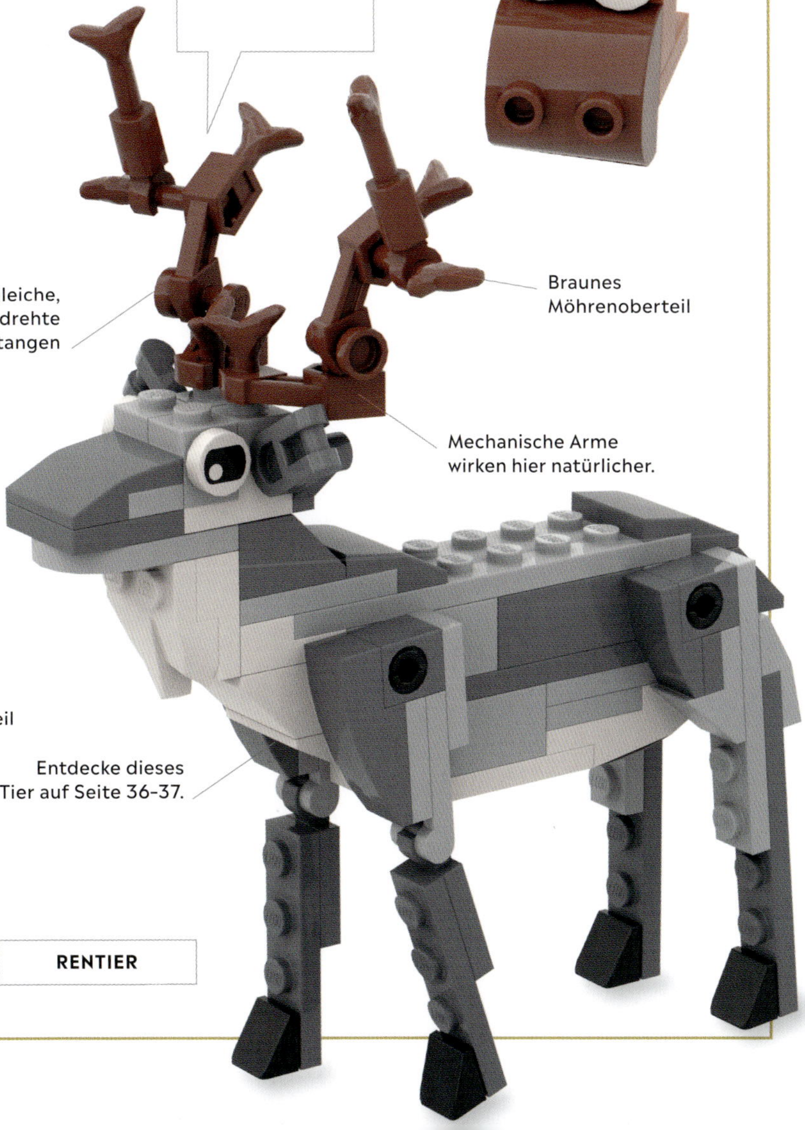

RENTIER

TIERWISSEN

Rentiere sind die einzige Tierart, bei der Männchen und Weibchen Geweihe haben. Die der Weibchen sind meist kleiner als die der Männchen. Diese stellen damit ihre Kraft zur Schau.

SCHILDKRÖTE

LEGO Tiere müssen nicht wissenschaftlich exakt gebaut sein. Gestalte deine einzigartigen Tierarten ganz nach Lust und Laune und verwende die ungewöhnlichsten Farben oder Merkmale. Mit seinem leuchtend bunten Panzer lässt dieses Regenbogenreptil jeden Ozean erstrahlen!

TIERWISSEN

Ein Schildkrötenpanzer besteht aus hartem Knochen. Der obere Teil heißt Carapax, der untere Plastron. Die meisten Schildkröten ziehen bei Gefahr Kopf, Beine und Schwanz in den Panzer zurück.

BEGINNE MIT DEM PANZER

Der Panzer einer Schildkröte umgibt ihre Rippen. Setze als ersten Schritt auf einige Platten in der richtigen Form einen Stein als Basis für den Körper der Schildkröte. Dann befestigst du vorne umgekehrt gebogene Dachsteine für den hochstehenden Hals.

SCHWIMMFLOSSEN

Jetzt nimmt der Körper der Schildkröte Form an. Baue vier gleiche Schwimmflossen, wobei die vorderen nach vorn und die hinteren nach hinten zeigen. Setze hinten einen kleinen, breiten Schwanz an und baue nun den Kopf und den Panzer auf.

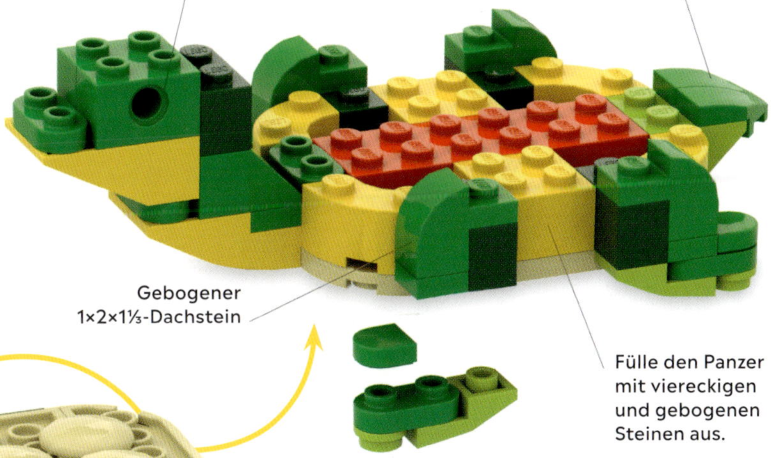

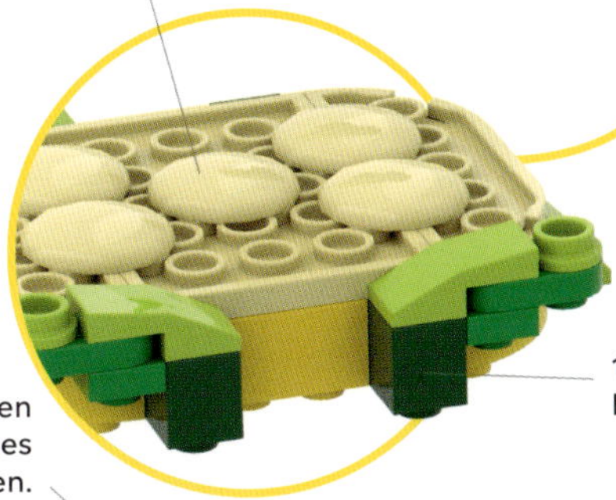

BAUE EINEN SCHNABEL

Decke den Kopf mit zwei Dachsteinen ab. Ihre schrägen Winkel bilden zusammen mit dem umgekehrten Dachstein für den unteren Teil des Kopfes den zugespitzten Schnabel der Schildkröte. Wenn der Körper fast fertig ist, baust du den Schild nach oben auf.

BUNTES REPTIL

Gestalte den prächtigen oberen Schild mit deinen buntesten Steinen. Eine erste Lage von Dachsteinen in mehreren Formen und Größen bildet eine sanfte Wölbung. Glätte den Schild oben mit gebogenen Dachsteinen und runden Kacheln – nun kann deine Schildkröte ins Meer wandern!

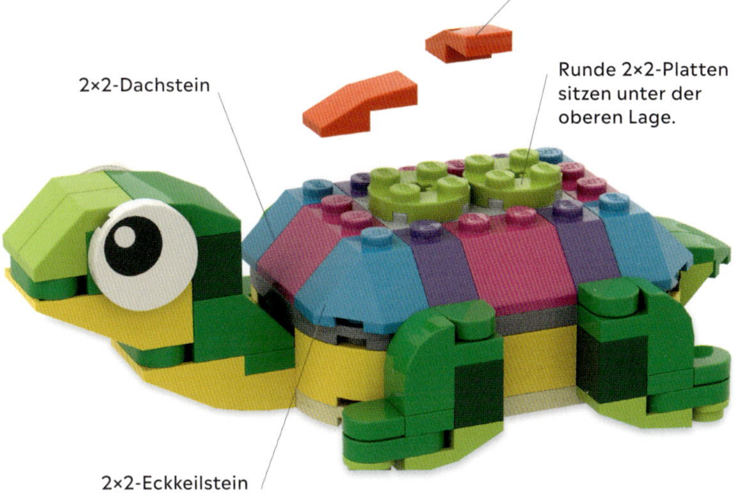

CHAMÄLEON

Dieses bunte Wesen ist eines der coolsten Tiere der Welt. Chamäleons ändern die Farbe, um sich ihrer Umgebung anzupassen, die Körpertemperatur zu regeln und miteinander zu kommunizieren. Mit ihrem langen Schwanz balancieren sie auf Ästen und mit ihren großen, hervorstehenden Augen können sie in alle Richtungen schauen.

TIERWISSEN

Chamäleons fangen mit ihrer überlangen Zunge Insekten. Kannst du in dein Modell eine Zunge bauen, damit es etwas zu fressen bekommt?

DAS UNTERTEIL ZUERST

Baue zuerst den flachen Unterkörper des Chamäleons. Setze vorn einen umgekehrt gebogenen Dachstein an, der nach oben zum Kopf abgewinkelt ist. Füge dann hinten ein Verbindungselement für den Schwanz an, etwa eine Platte mit Stange.

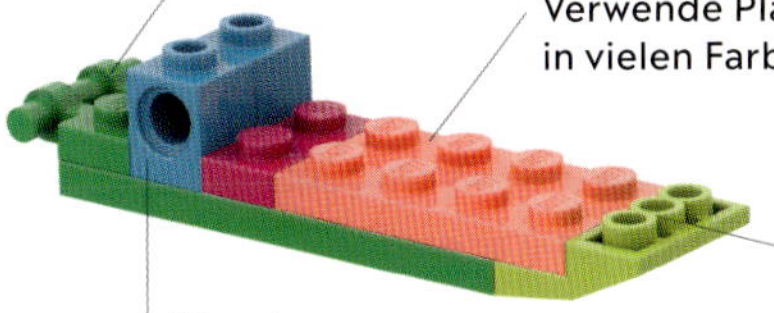

BUNTE KURVEN

Baue mit mehr Steinen und Platten in vielen Farben den schillernden Körper des Chamäleons auf. Die Kurve des Rückens bilden gebogene Dachsteine in zwei Größen. Weitere Dachsteine setzen die Kurve nach hinten fort.

KULLERAUGEN

Baue für die biegsamen Beine und den Ringelschwanz deines Chamäleons Verbindungen aus Klemmen und Stangen ein. Füge den Kopf und die typischen Augen hinzu. Sie sollten auf Stangen-Elementen stecken.

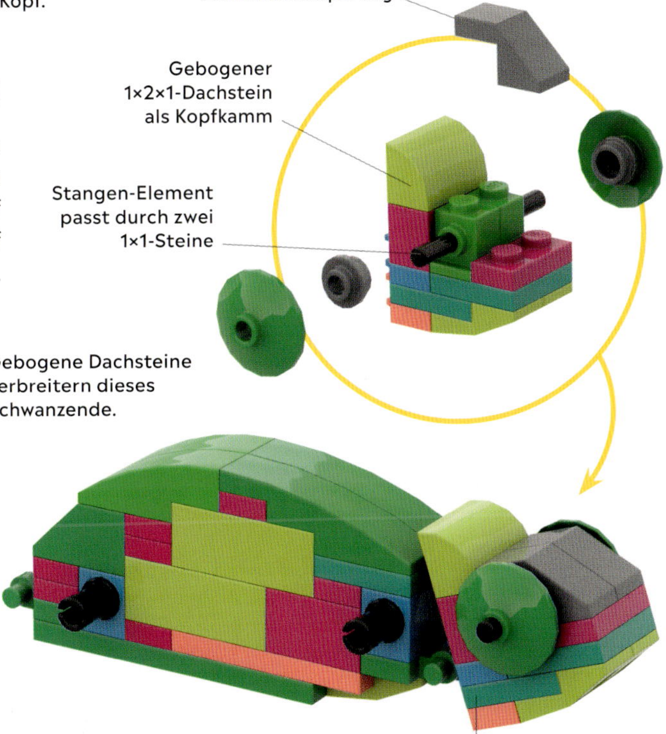

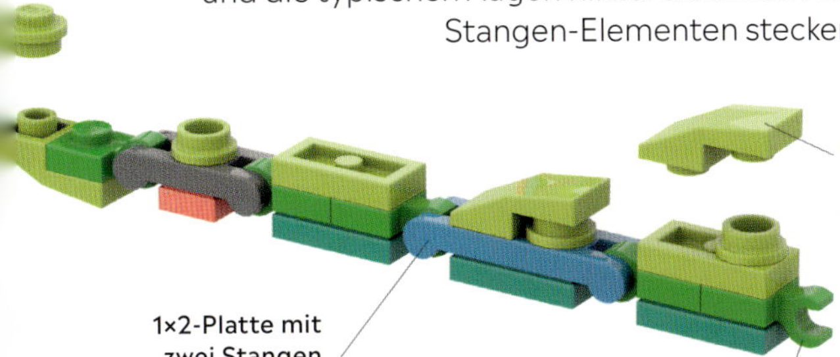

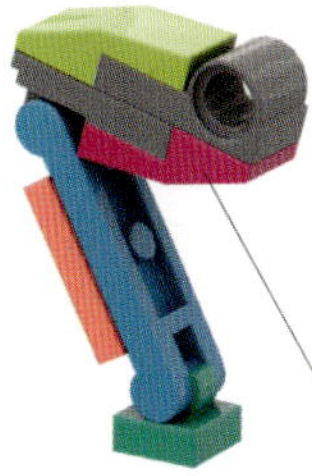

TIERE IN BEWEGUNG

Tiere winden und drehen sich, sie hüpfen, huschen und springen oder ergreifen Beute. Überlege bei der Planung deiner LEGO® Tiermodelle stets, wie sich echte Tiere in ihrer Umgebung verhalten. Baue immer einige bewegliche Elemente ein, damit deine Modelle so lebensnah wie möglich wirken.

SPRINGEN UND HÜPFEN

Mit ihren extralangen, muskulösen Hinterbeinen springen Frösche so weit wie das 20-Fache ihrer Körperlänge. Bei diesem Frosch bewegen sich die Hinterbeine an drei Stellen: kreisend an der Hüfte und auf und ab an den Knie- und Fußgelenken.

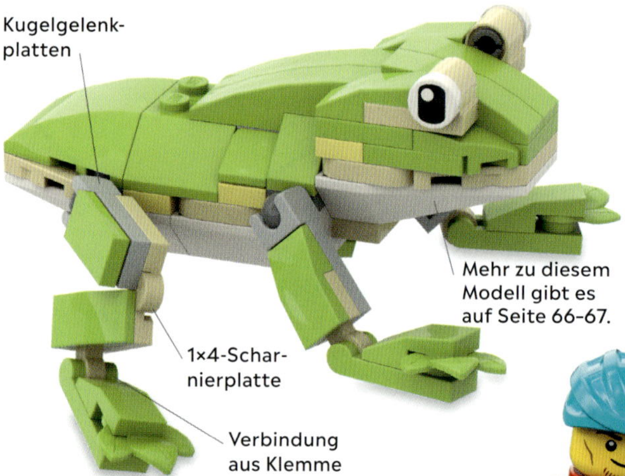

DREHEN UND ZUCKEN

Manchmal reicht es schon, wenn du dich auf ein, zwei bewegliche Teile konzentrierst. Durch eine Drehscheibenplatte im Hals kann dieses muntere Kaninchen (mehr dazu auf Seite 56–57) den Kopf drehen und so Gefahren oder leckeren Klee erspähen. Es kann auch mit seinen langen Ohren zucken, wenn etwas seine Neugier erweckt.

Wer hat Lust auf ein kleines Rennen?

SPRITZEN UND PLANSCHEN

Viele Meerestiere nutzen ihren Schwanz, um sich im Wasser vorwärts zu bewegen und steuern mit ihren Flossen. Realistische Bewegungen erzielst du, wenn du bewegliche Verbindungen in den Schwanz und in die Flossen einbaust, wie bei diesem Orca (mehr dazu auf Seite 60–61).

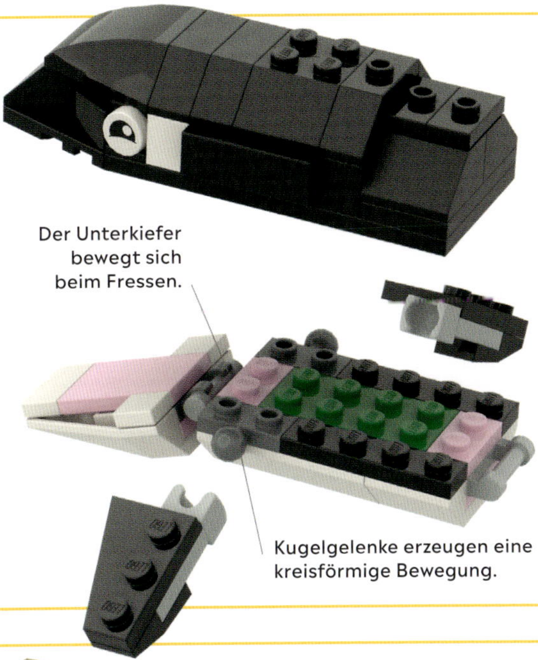

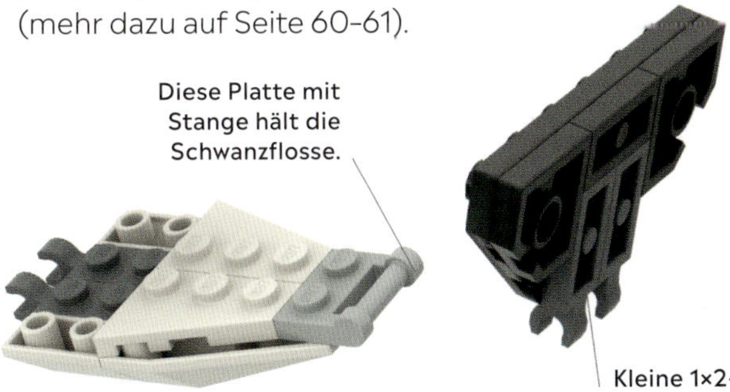

GEHEN UND SCHLEICHEN

Dieser kühne Jäger von Seite 90–91 kann sich in vielerlei Hinsicht bewegen. Dank LEGO Technic Pin-Verbindungen am oberen Ende seiner Beine geht der Wolf vorwärts und rückwärts. Er kann auch die Knie- und Fußgelenke beugen. Die Ohren zucken und der Kopf dreht sich – was hat der Wolf wohl erspäht?

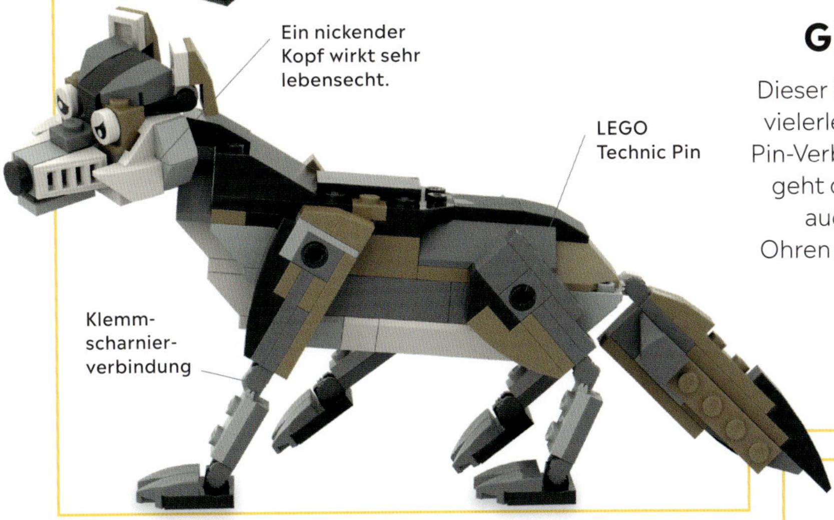

GREIFEN UND PACKEN

Die meisten Tiere haben zwei oder vier Gliedmaßen – aber ein Oktopus hat acht! Die wedelnden Arme dieses Modells sitzen mit Klemmen und Stangen am Körper und bewegen sich an ihrer Basis auf und ab. Eine Pin-Verbindung weiter unten an jedem Arm sorgt dafür, dass er sich drehen kann.

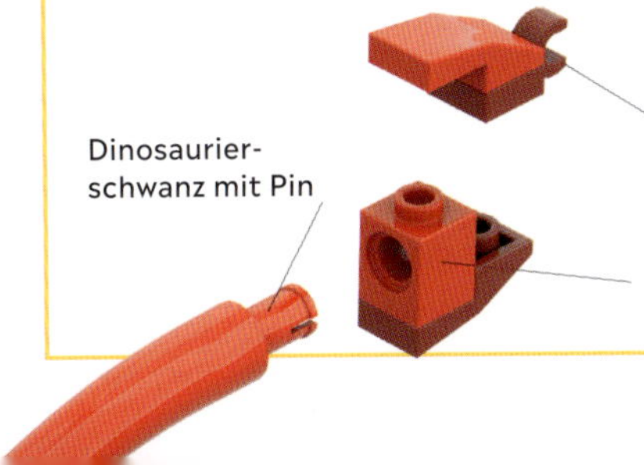

RENTIER

Den Legenden vieler Länder nach zieht ein Rentier den Schlitten des Weihnachtsmanns. Echte Rentiere leben hoch im Norden in den kältesten Regionen der Erde. Sie bilden große Herden und legen auf der Suche nach Nahrung weite Strecken zurück. Männchen wie Weibchen haben große Geweihe und ein dickes Fell, das sie warm und trocken hält.

TIERWISSEN

Wusstest du, dass Rentiere gut schwimmen können? Auf ihren Wanderungen durch polare Landschaften müssen sie manchmal eiskalte Flüsse durchqueren. Ihre breiten Füße helfen ihnen beim Schwimmen.

HELLES FELL

Baue für dein Rentier zuerst den Körper. Dieses hier hat ein weißes Fell, aber es könnte auch grau oder andersfarbig sein. Ein kleiner Dachstein bildet den Schwanz und in vier Steinen mit Löchern werden die Beine sitzen.

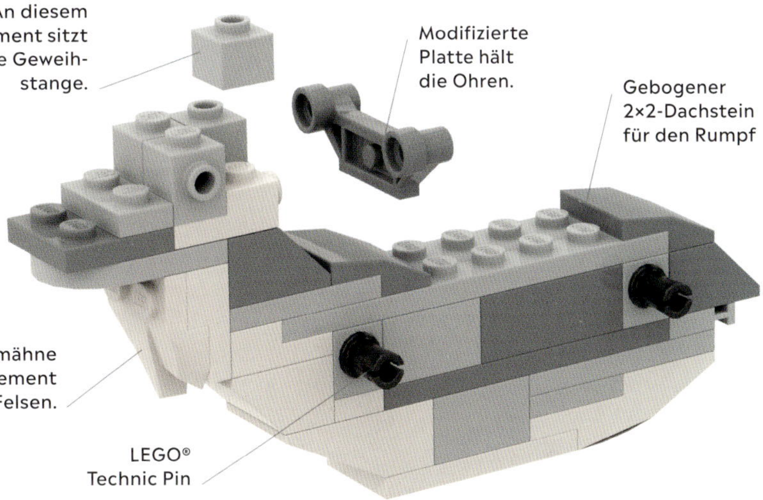

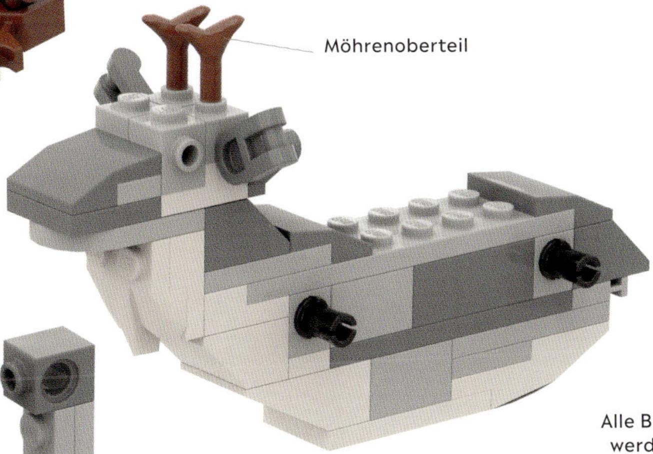

KOPF UND BRUST

Ergänze nun Verbindungspins für die Beine und ein abgerundetes Hinterteil. Danach baust du Hals und Kopf auf, samt der Elemente, an denen das Geweih sitzt. Die Mähne an der Brust schützt den Körper gegen Wind und Schnee.

MÄCHTIGES GEWEIH

Baue nun die kleinen Ohren, die gebogene Schnauze und schließlich das Geweih an den Kopf. Es wirkt hier schön verdreht und unregelmäßig, dank mechanischer Arme, Wasserhähnen und Möhrenoberteilen! Setze nun noch vier kräftige Beine an, auf denen das Rentier lange wandern kann.

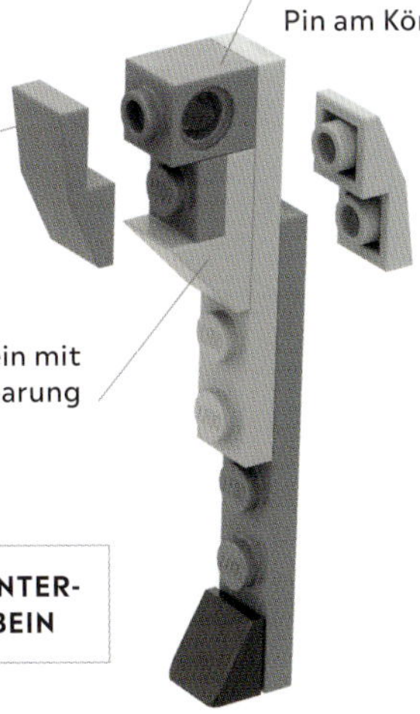

KOI-KARPFEN

Lehne dich entspannt zurück und betrachte diesen wunderschönen Fisch. Bunte Koi-Karpfen werden häufig in kleinen Zierteichen gehalten. In Gärten und Parks sorgen sie so für eine beruhigende Umgebung. In Japan werden sie seit Jahrhunderten verehrt als Symbol für Liebe, Glück und Mut. Baue doch einen Koi als Geschenk für einen Menschen, den du ganz besonders magst.

TIERWISSEN

Kois sind sehr zähe Fische. Am „Kindertag“ lassen die Japaner daher Wimpel flattern, die wie Koi aussehen. Diese *Koinobori* sollen allen Kindern Mut und Kraft verleihen.

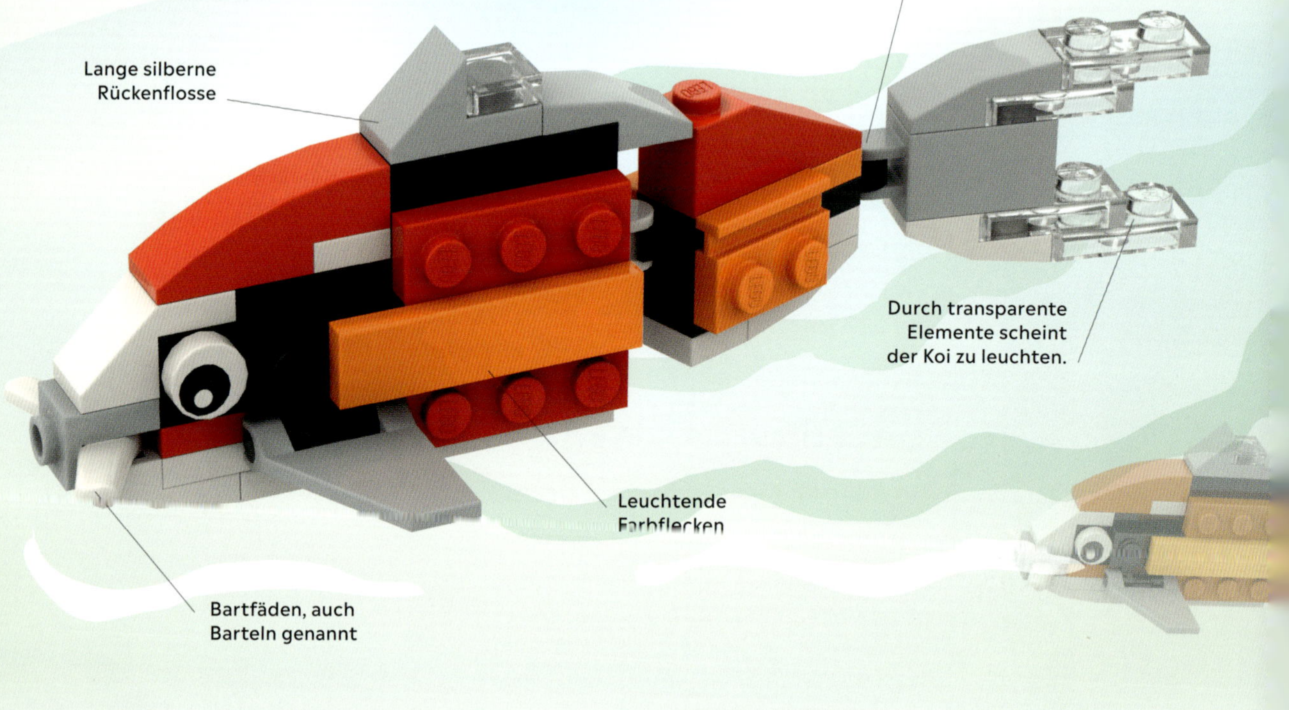

KÖRPER UND MAUL

Baue mit langen Platten den Schuppenkörper des Fischs und setze vorn einen kleinen gebogenen Dachstein für das Maul an. Kois haben neben dem Maul kleine Barthaare, mit denen sie schmecken, wenn sie Nahrung im Wasser suchen. Befestige auch diese Barteln.

SCHUPPEN

Dieses Koi-Modell wird in drei Teilen gebaut. Beginne mit dem größten Abschnitt und setze bunte Steine für große Farbflächen ein. Befestige dann weitere Körperteile an Steinen mit Seitennoppen. Setze zum Schluss einen Stein mit einer Stange an. So kann sich der Koi hin- und herbewegen.

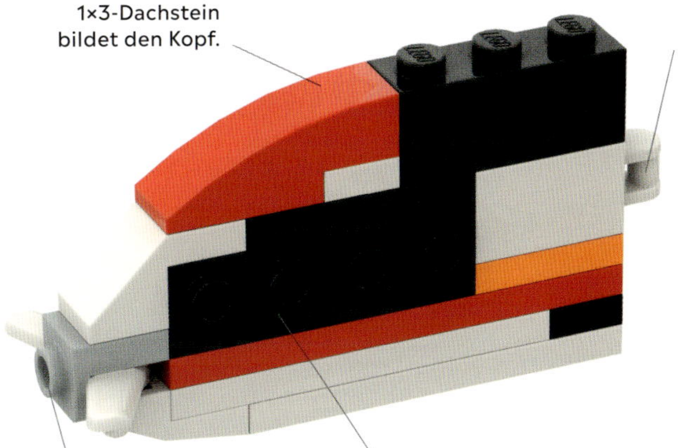

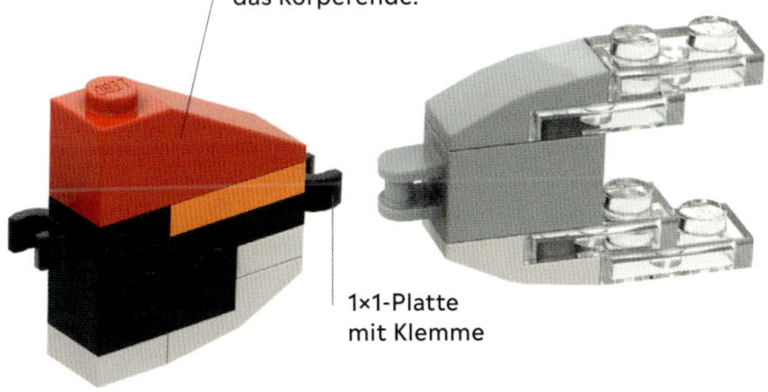

WEDELNDER SCHWANZ

Befestige Flossen und weitere bunte Schuppen am dicksten Teil des Karpfens und baue nun das Schwanzende. Verbinde es mit beweglichen Elementen, damit der Koi ganz lebensecht in seinem Teich schwimmen kann.

SÜSS UND KNUDDELIG

Nicht alle Tiere sind von Natur aus süß oder knuddelig, und das ist auch okay. Wenn deine LEGO® Tiere trotzdem einen gewissen Niedlichkeitsfaktor bekommen sollen, gestalte sie mit ein paar Elementen zu knuddeligen Wesen um! Betone das, was sie besonders liebenswert macht, oder lass sie zu süßen Miniwesen schrumpfen.

KNUDDELIGES KROKODIL

Krokodile sind wilde Raubtiere, doch dieses Minireptil tut keiner Fliege etwas zuleide. Es ist um eine lange Platte gebaut und hat Füßchen aus Klemmen, einen Panzer aus Steckerplatten und keine Zähne. Mit diesem Tierchen können deine Minifiguren sorglos schwimmen!

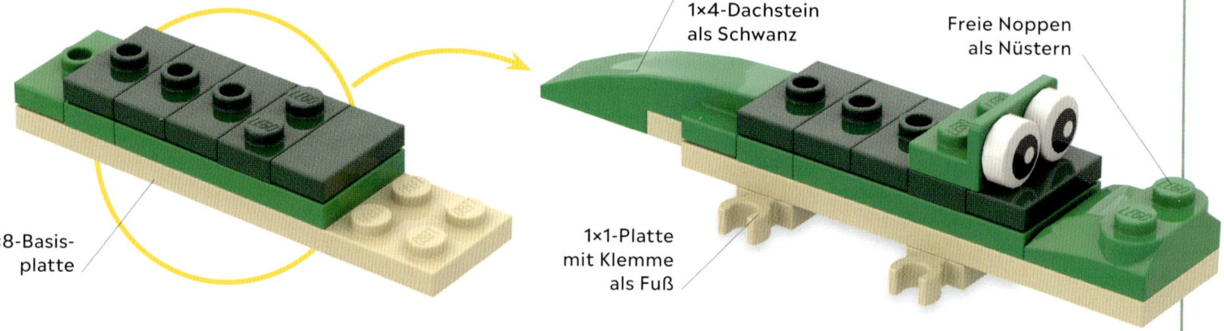

BORSTENSCHLEIFE

Mit einer Borstenschleife wirkt das Ferkel von Seite 8–9 noch niedlicher. Stecke die Schleife auf eine runde Kachel mit Stange und putze so den Kopf dieses Kerlchens heraus.

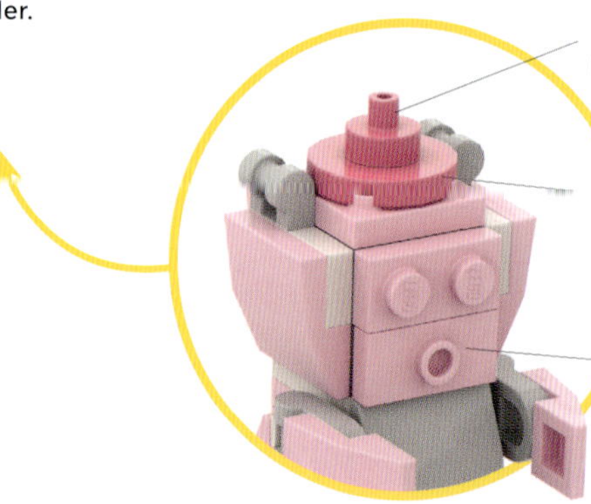

MÜDE EULE

Eulen schlafen tagsüber, bevor sie nachts zu fliegenden Jägern werden. Zeige die sanfte Seite einer Eule und lass sie auf einem Baum schlummern. Diese hier hat Schlafaugen, Schnabel und Flügel aus Viertelkacheln und krallenlose Füße.

VERSPIELTES HÜNDCHEN

Mit seinem stämmigen Körper, den Hängeohren und dem überlebensgroßen Kopf mit den fröhlichen Augen wird dieser blaue Hund dein bester Kumpel. Baue ihm noch ein Schwänzchen an, damit er dich stets wedelnd begrüßen kann.

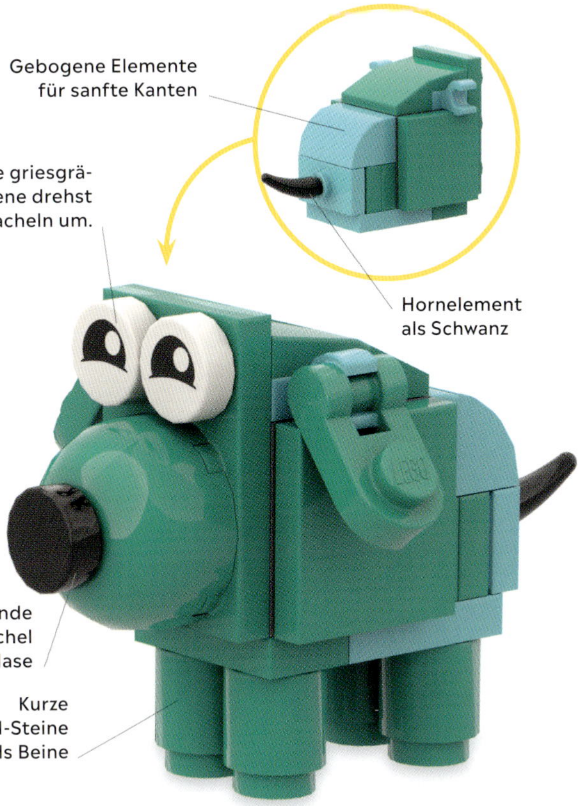

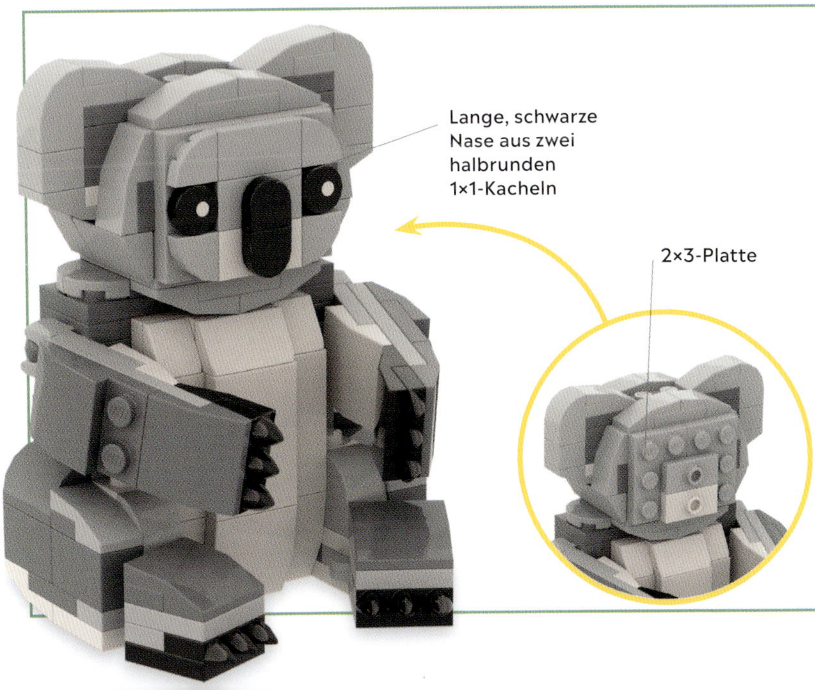

KOALA ZUM KUSCHELN

Ein niedlicher Koala mit Greifhänden und -füßen ist super zum Kuscheln. Echte Koalas umklammern lieber Bäume, aber dieses LEGO Modell würde am liebsten dich umarmen! Sein zufriedenes Gesicht besteht aus seitwärts am Kopf befestigten kleinen Kacheln.

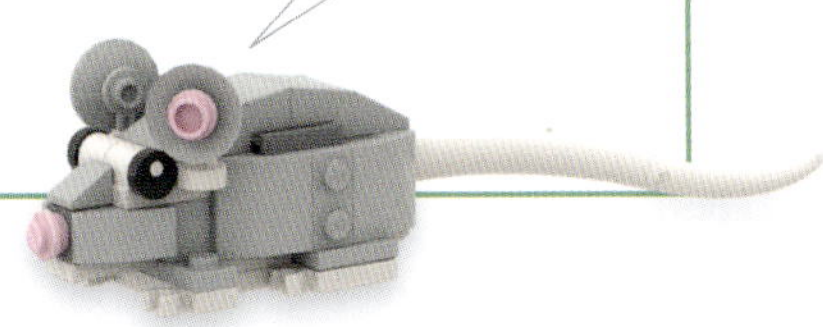

EULE

TIERWISSEN
Eulenaugen sind starr und können sich nicht hin und her bewegen wie bei uns Menschen. Um sich umschauen zu können, drehen Eulen ihren Kopf ganz weit zur Seite.

Hu-huu-hu-huuu … Wer ruft da nachts im Wald? Eulen sind nachaktive Raubvögel, sie jagen also in der Nacht und schlummern tagsüber meist in hohen Bäumen. Wusstest du, dass Eulen den Kopf fast einmal komplett drehen können? Nun, diese LEGO Eule schafft tatsächlich ganze 360 Grad – sie hat ihre Augen wirklich (fast) überall!

DIE FÜSSE ZUERST

Mit ihren kräftigen Füßen fängt und hält eine Eule ihre Beute. Sie sind also ein sehr wichtiger Körperteil. Beginne diesen Abschnitt mit zwei gebogenen Platten mit Loch. Dort hinein kommen zwei nach hinten zeigende Krallen.

FLÜGELWUNDER

Füge zwei runde Steine als Füße hinzu und beginne mit dem Bau des Körpers. Bilde eine rechteckige Form mithilfe von Platten, normalen Steinen und Steinen mit Seitennoppen. Verkleide sie mit sanft geneigten „Federn".

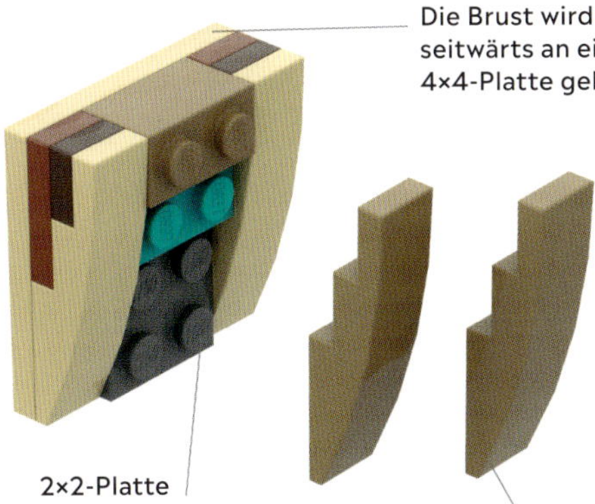

FLÜGEL VON HINTEN

FLÜGEL

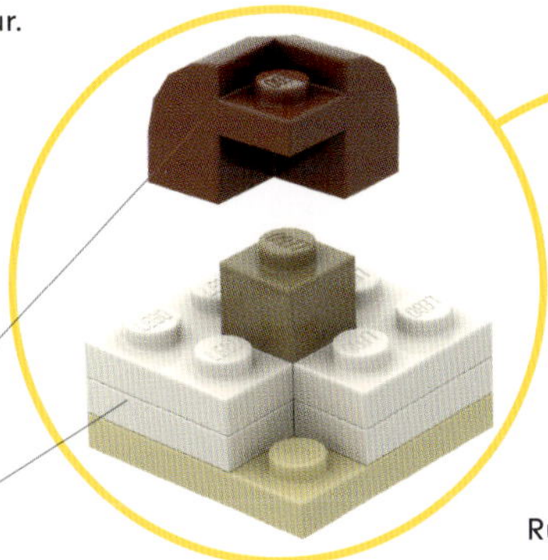

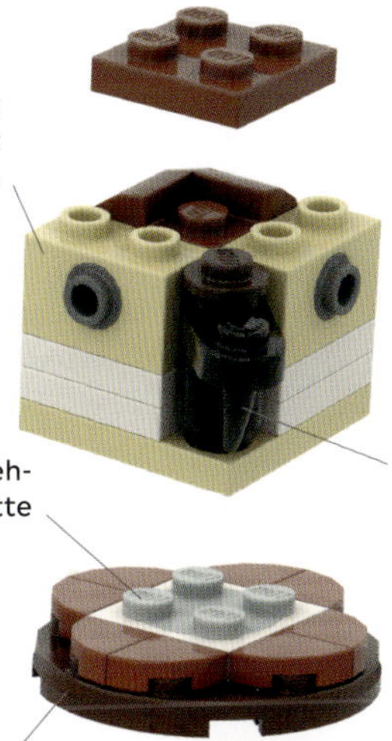

RUNDBLICK

Baue nun den Kopf auf einer großen runden Platte auf. Die nächste Lage bildet eine Drehscheibenplatte, auf der sich der Kopf komplett drehen lässt. Das quadratische Gesicht bekommt noch den typischen Hakenschnabel, große Augen und Federohren. Nun kann deine Eule losfliegen!

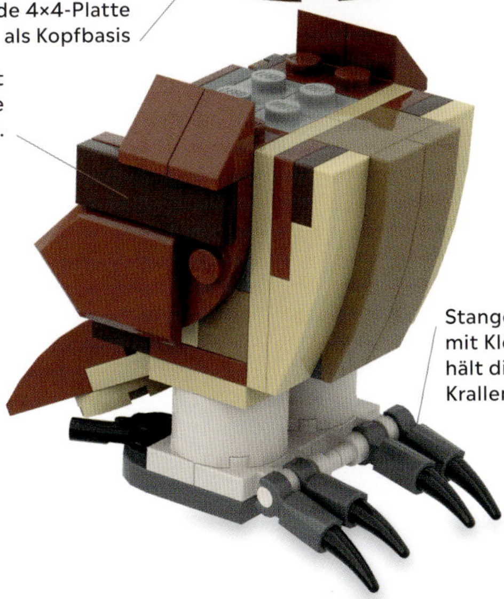

KATZE

Dieses schnurrende Tierchen ist das perfekte Bauprojekt. Sein vielfarbig geflecktes Fell nennt man „getigert“, aber eine gestreifte oder einfarbige Katze ist genauso hübsch. Gebe ihr noch die klassischen Merkmale wie feine Schnurrhaare, ein rosa Näschen, einen langen Schwanz und vier Samtpfoten – fertig ist dein maunzendes Modell!

TIERWISSEN

Die alten Ägypter verehrten Katzen als Gottheiten und bauten wunderschöne Katzenstatuen. Wage auch du dich an ein kniffliges Projekt und wandle dein Katzenmodell in eine antike Statue um.

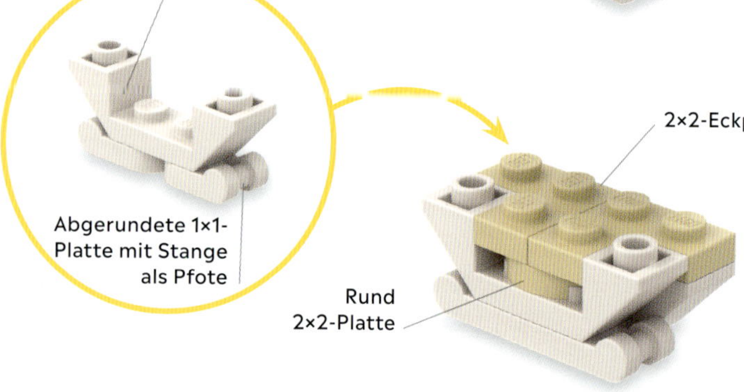

DER ERSTE BAUABSCHNITT

Diese Katze hat sich hingesetzt, also bilden der Rumpf und die Hinterbeine die untersten Körperteile. Baue den Körper über zwei doppelt umgekehrten Dachsteinen auf, die auf dieser breiten Basis unterschiedlich hoch sitzen.

1×2/2×2-Winkelplatte

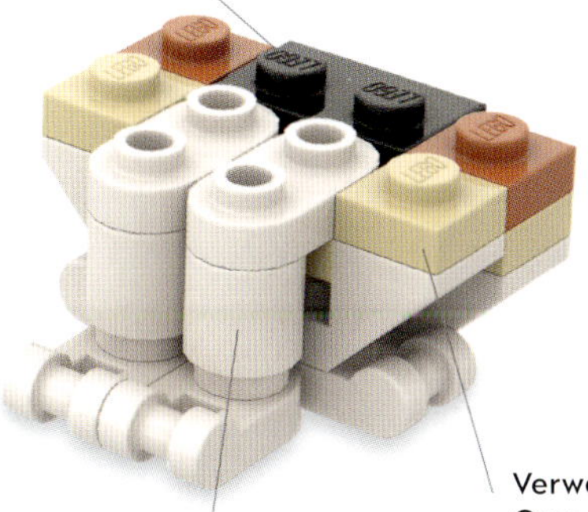

Runder 1×1-Stein als Bein

Verwende Grau- oder Orangetöne für eine getigerte Katze.

AUF WEICHEN PFOTEN

Baue den Körper weiter auf und füge kleine Platten als Farbflecken ein, wenn deine Katze so wie hier getigert sein soll. Setze hinten noch eine Winkelplatte zum Befestigen des Schwanzes an und vorn zwei Beine mit Pfoten.

Gebogener 1×2×1⅓-Dachstein als Schulter

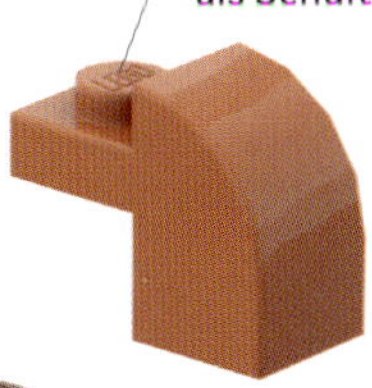

WEICHE KURVEN

Nun ist der Oberkörper dran. Ein umgekehrter Dachstein vorn ergibt die gewölbte untere Brust und seitlich gebogene Dachsteine werden zu rundlichen Schultern.

Umgekehrter 2×2-Dachstein als Brust

1×1 Stein mit zwei offenen Seitennoppen

Gebogener 1×2×1-Dachstein

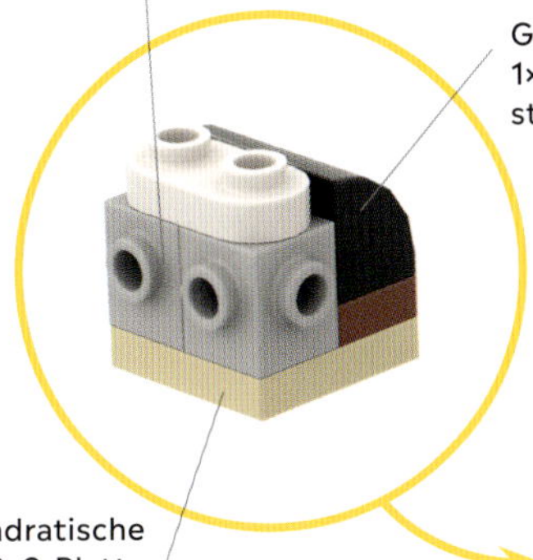

Quadratische 2×2-Platte

Runde 1×1-Platte mit offener Noppe als Backe

1×1-Dachsteine bilden den rundlichen Körper.

VON HINTEN

Steckerplatte als Schwanzbasis

KOPF UND SCHWANZ

Setze nun den Kopf auf den fertigen Katzenkörper. Dafür setzt du auf eine quadratische Platte zwei Steine mit Seitennoppen. So kannst du in viele Richtungen anbauen. Stecke weitere Platten oben und vorn für die Ohren und das Gesicht an. Vergiss nicht, zum Schluss noch den langen Schwanz anzufügen. Fertig ist deine Katze!

Gebogene Dachsteine runden die Brust ab.

MISCHWESEN

Wie wäre es, wenn du mal mehrere Tiere in einem baust? So kannst du lustige Mischmasch-Lebewesen erschaffen. Ein Fisch mit Beinen? Eine Kuh mit Flügeln? Kein Problem – mit LEGO® Steinen ist alles möglich. Jetzt fehlt nur noch ein lustiger Name für dein neues Geschöpf!

RHINORAFFE

Bei dieser Rhinoraffe balanciert der schwere Kopf eines Nashorns auf dem hohen, schlanken Körper einer Giraffe. Der lange Hals muss echt stark sein!

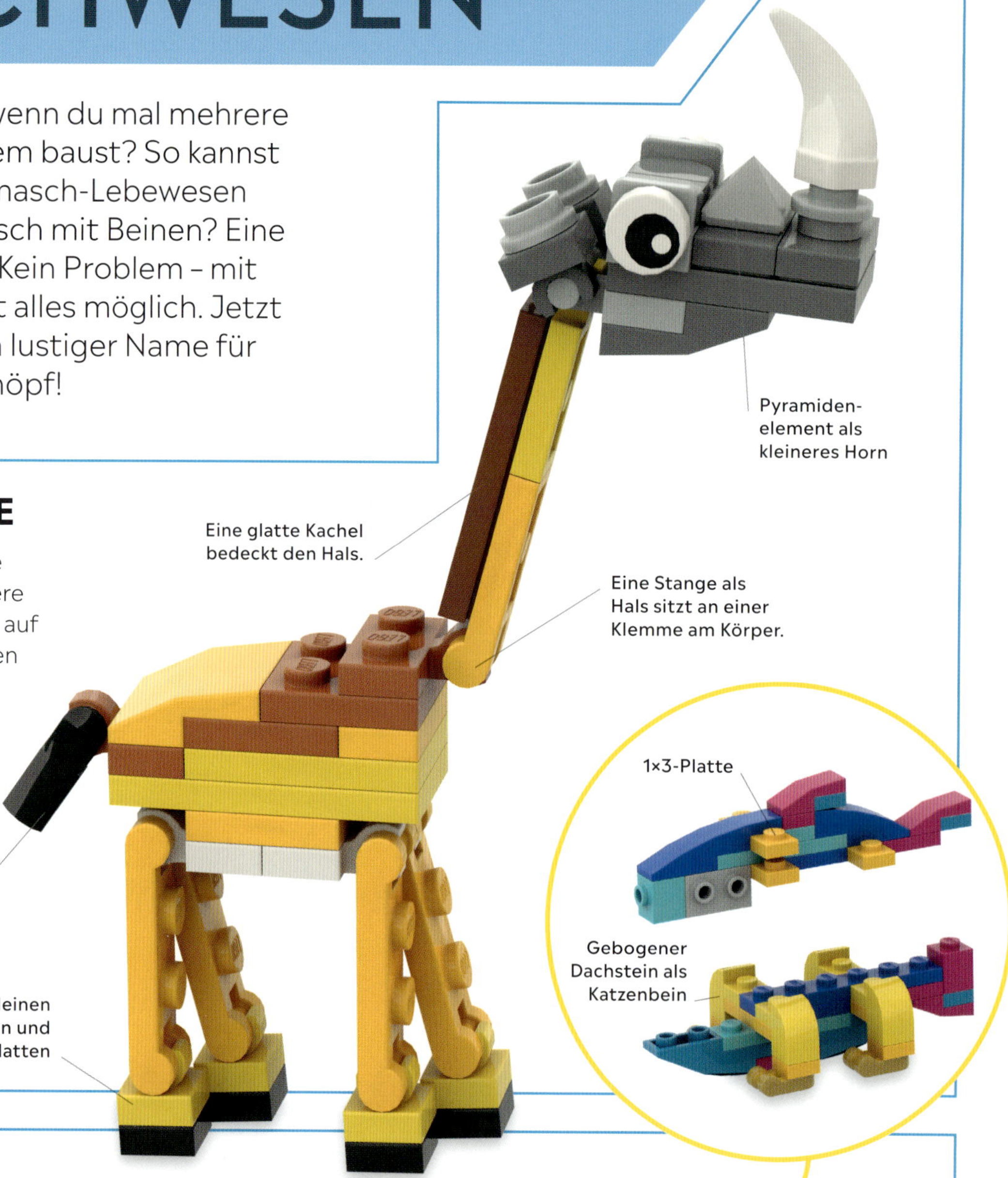

KATZENFISCH

Dieses faszinierende Mischwesen aus Felltier und Fisch kann mehr als alle echten Tiere. Es taucht ab in tiefste Tiefen, hört sich nähernde Raubtiere mit seinen empfindlichen Fellohren und spürt mit seinen langen Schnurrhaaren alles um sich herum auf.

HASENBÄR

Die Begegnung mit einem Bären wäre wohl nicht so bedrohlich, wenn er die Zähne und Ohren eines Hasen hätte! In diesem Riesenwesen verbinden sich die lustigsten Merkmale von Hase und Bär.

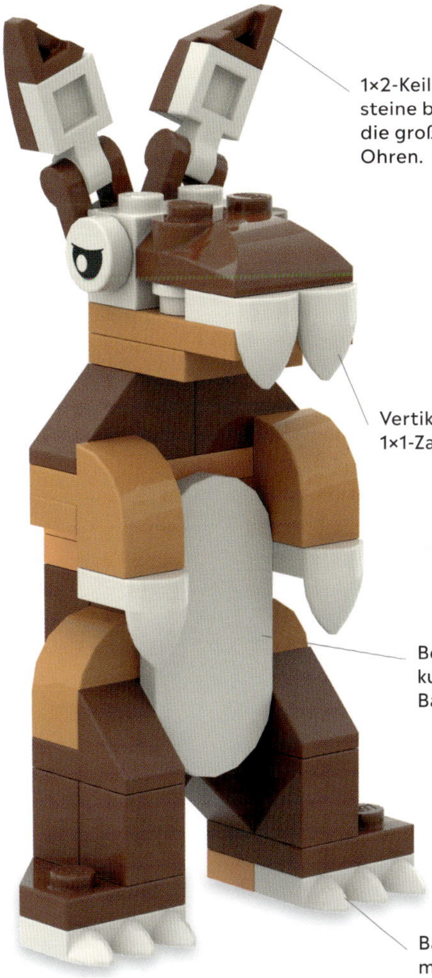

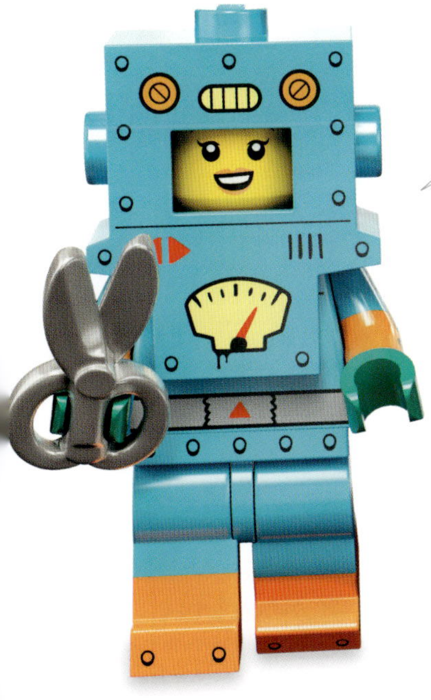

FLAMINKUH

So ein Kuhvogel ist doch mal ein echter Hingucker! Mit dem Kopf einer Kuh und dem rosa Federkleid eines Flamingos guckt dieses Mischmasch-Tier genauso verwirrt aus der Wäsche wie wir bei seinem Anblick.

KOALA

Dieses niedliche Beuteltier lebt nur in Australien. Koalas leben in Eukalyptusbäumen. Sie fressen Blätter und schlafen bis zu 20 Stunden am Tag. Baue deinen LEGO Koala mit rundem Kopf, großer, schwarzer Nase und kräftigem, knuddeligen Körper. Vergiss nicht die gebogenen Klauen, mit denen sich das Tier an Ästen festhält.

TIERWISSEN

Koalas sind mit anderen Beuteltieren wie Kängurus verwandt. Koalaweibchen haben wie Känguruweibchen einen Beutel am Bauch, in dem ihre Jungen aufwachsen. Kannst du einen Koala mit einem Baby im Beutel bauen?

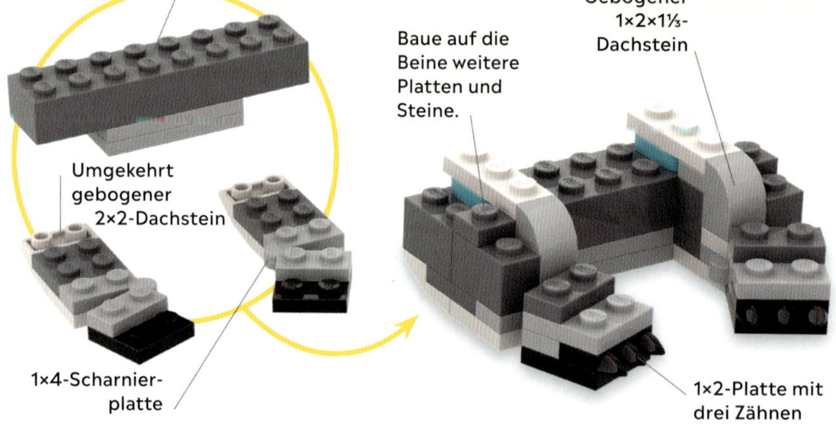

HINTERTEIL AUS STEINEN

Koalas ruhen viel und brauchen einen bequemen Sitzplatz. Baue für deinen Koala zuerst einen breiten, flachen Rumpf aus einem langen Stein. Befestige darunter mithilfe von Scharnierplatten zwei nach innen drehbare Beine.

RUNDLICHER RUMPF

Baue den kurzen, stämmigen Körper deines Beuteltiers. Nimm hohe Steine für die Seiten und fülle die Lücke dazwischen mit acht Steinen mit Seitennoppen. Sie können jede beliebige Farbe haben, da sie mit Fell bedeckt werden. Befestige dann die Arme.

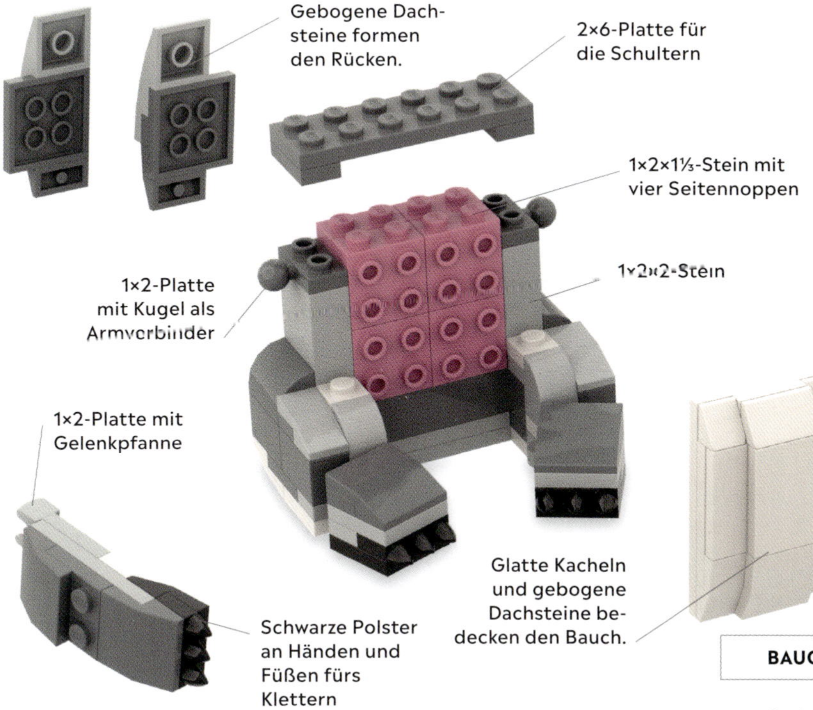

RECHTER ARM

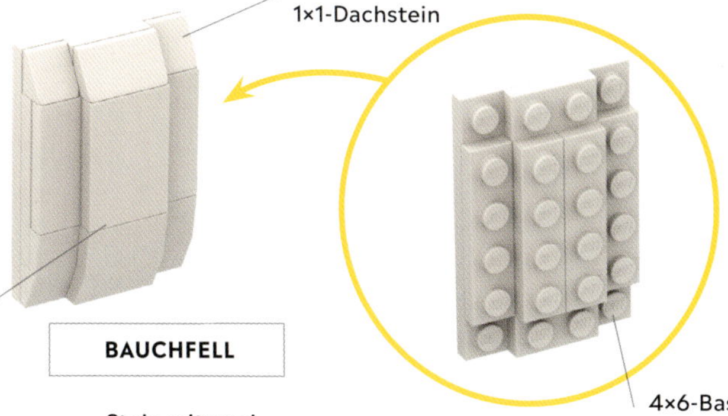

BAUCHFELL

KNUDDELIGE KURVEN

Runde die Schultern mit Platten und Kacheln ab und baue dann den typischen Kopf mit seinen runden Ohren. Verwende viele gebogene Dachsteine für die Rundungen. Baue vorn und hinten am Kopf Steine mit Seitennoppen an, wo du im nächsten Schritt weitere Details hinzufügen kannst.

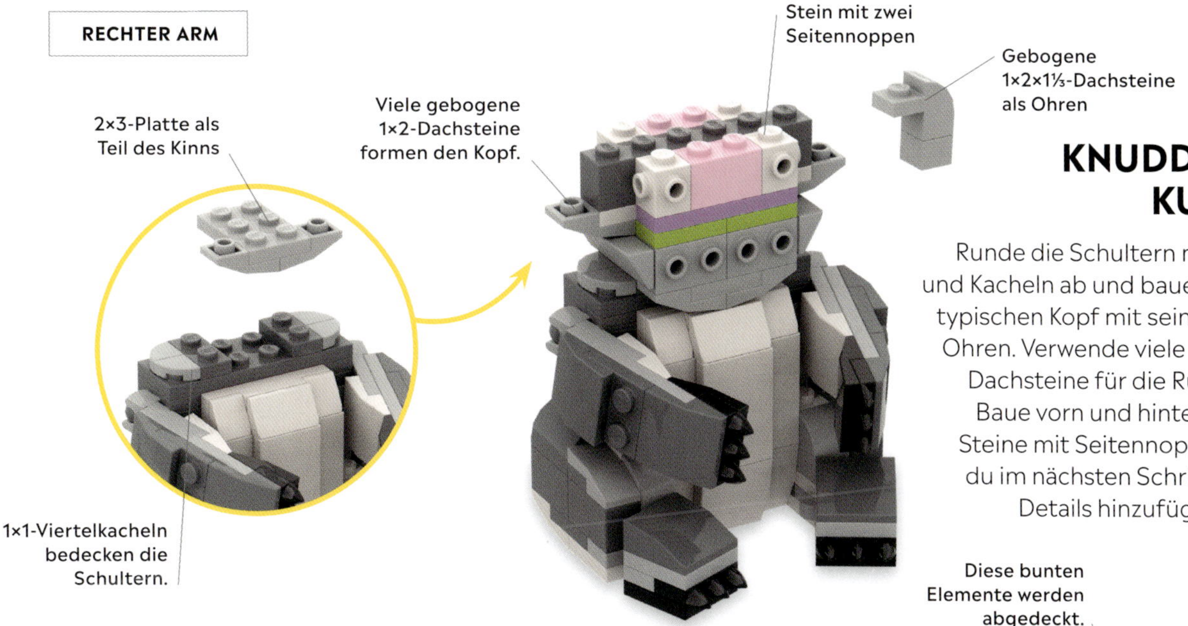

LIEBENSWERTE DETAILS

Runde noch den Hinterkopf ab und baue in Seitwärtstechnik das Gesicht an. Zwei 2×3-Platten sitzen auf beiden Seiten daran und bilden eine Wölbung in 3-D. Wenn du nun vorn an diesen Platten Steckerplatten und kleine Kacheln befestigst, bekommt dein Koalakumpel ein richtiges Gesicht.

WELPE

Wuff! Baue mit deinen LEGO Elementen einen Freund fürs Leben – ohne das lästige Füttern, Gassigehen und Saubermachen wie bei einem echten Welpen. Wer kann diesem flauschigen Racker mit seinen Schlappohren und dem lustigen Wackelschwanz schon widerstehen?

TIERWISSEN

Egal in welcher Form, Größe oder Farbe: Hunde sind tolle Gefährten. Offiziell gibt es etwa 200 Rassen auf der Welt – und ständig werden neue gezüchtet. Bau dir am besten gleich mehrere dieser treue Freunde.

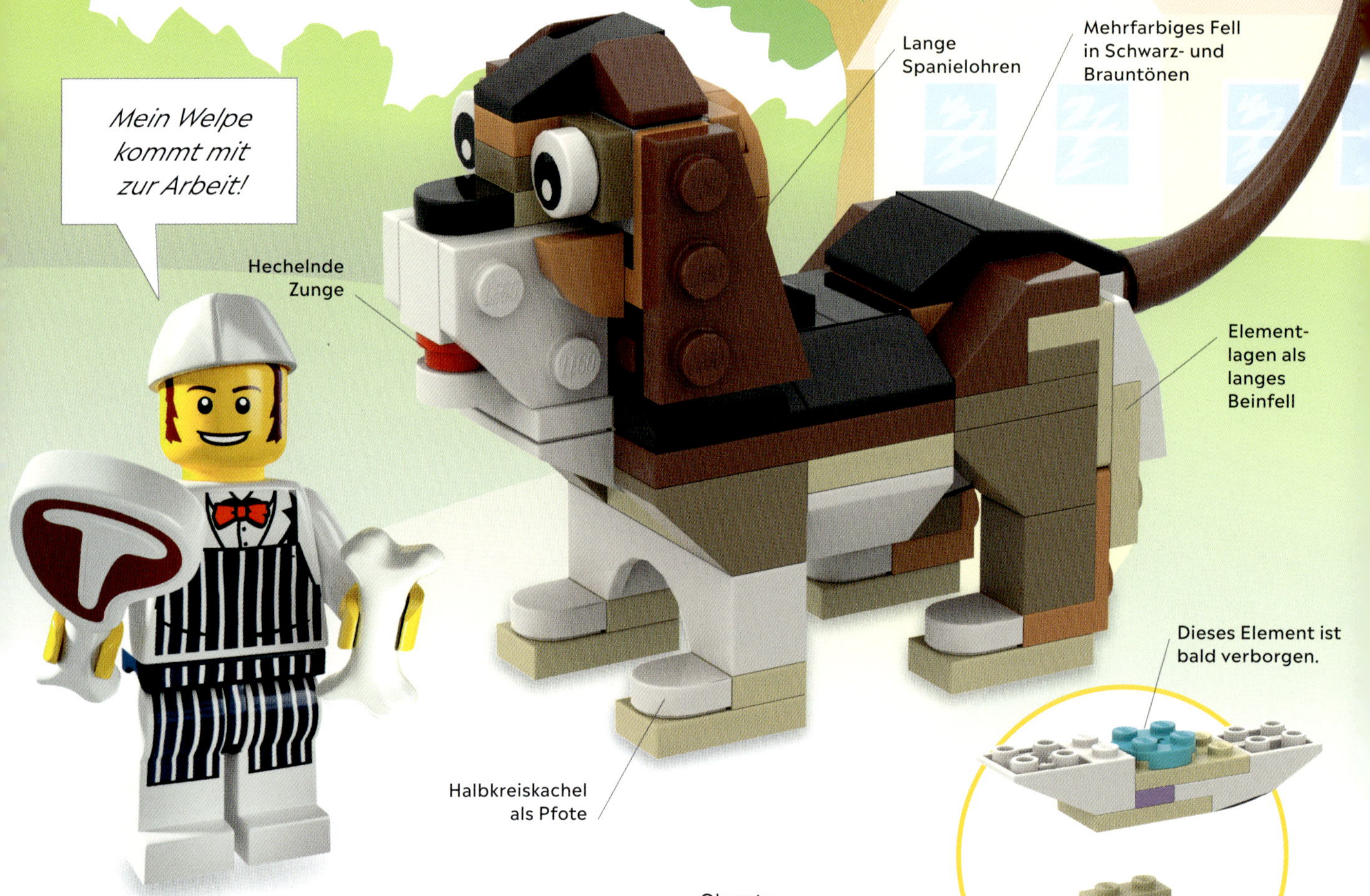

BAUCHKRATZEN

Hunde kratzen sich gern am Bauch, also baust du diese Stelle zuerst. Ganz unten an diesem Körperteil sitzt ein umgekehrter Dachstein. Baue darauf im rechten Winkel Lagen von Platten und Steinen.

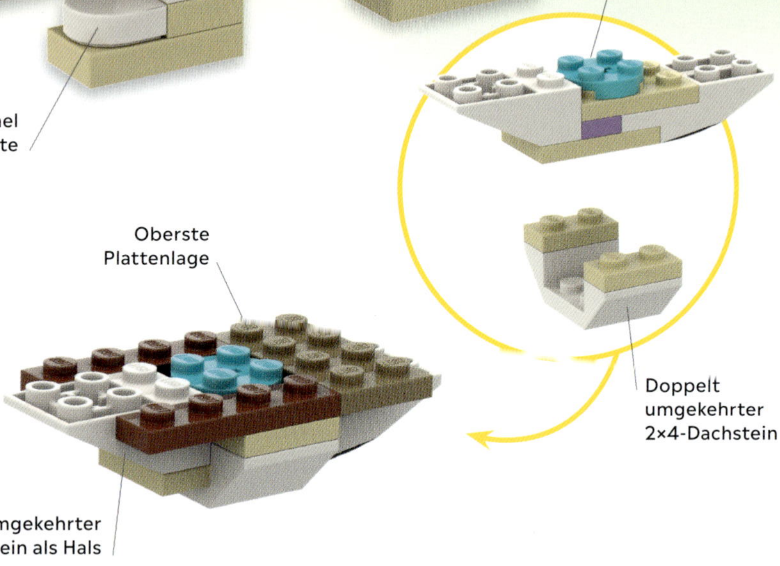

WELPE

Wuff! Baue mit deinen LEGO Elementen einen Freund fürs Leben – ohne das lästige Füttern, Gassigehen und Saubermachen wie bei einem echten Welpen. Wer kann diesem flauschigen Racker mit seinen Schlappohren und dem lustigen Wackelschwanz schon widerstehen?

TIERWISSEN

Egal in welcher Form, Größe oder Farbe: Hunde sind tolle Gefährten. Offiziell gibt es etwa 200 Rassen auf der Welt – und ständig werden neue gezüchtet. Bau dir am besten gleich mehrere dieser treue Freunde.

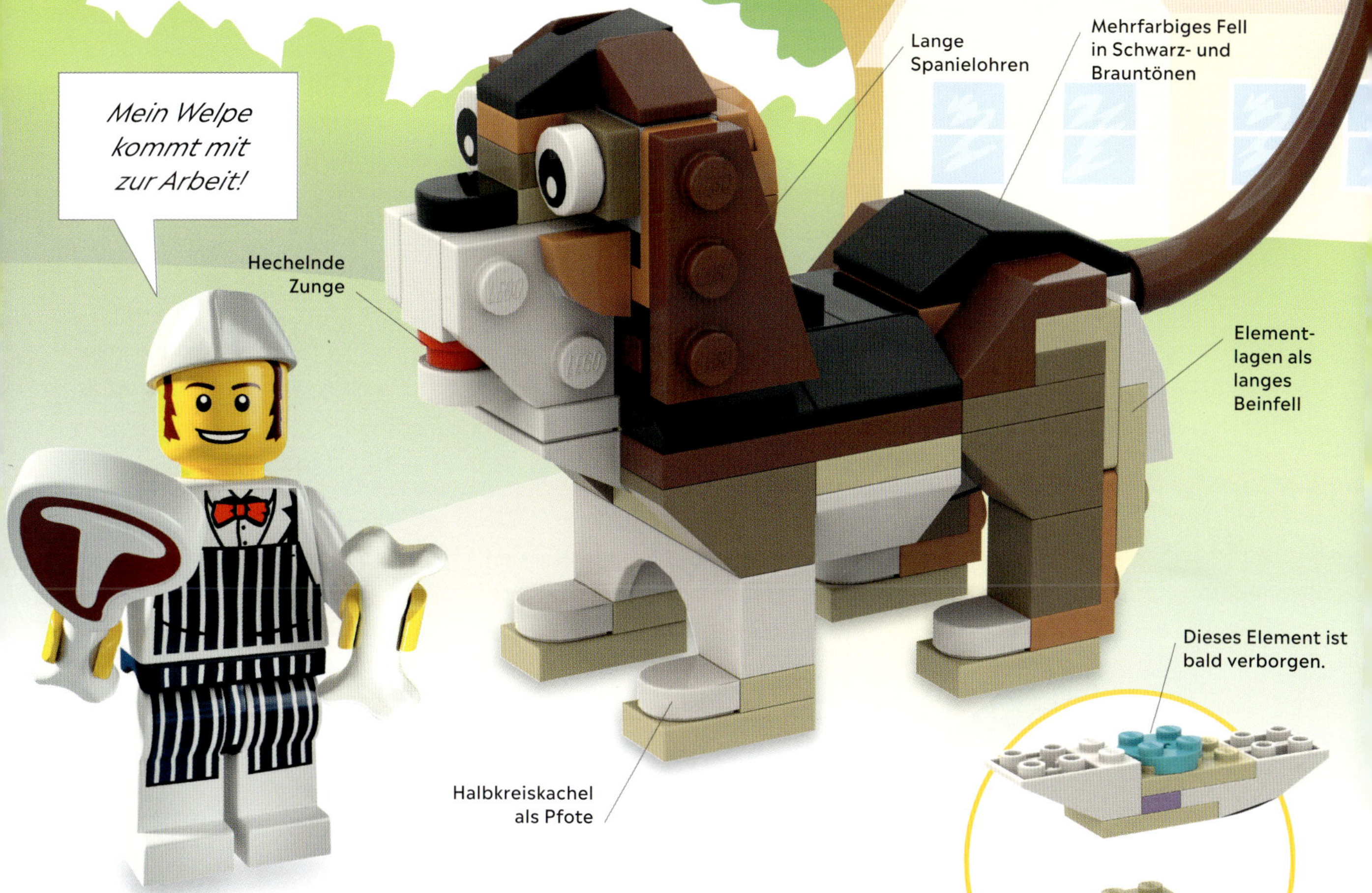

BAUCHKRATZEN

Hunde kratzen sich gern am Bauch, also baust du diese Stelle zuerst. Ganz unten an diesem Körperteil sitzt ein umgekehrter Dachstein. Baue darauf im rechten Winkel Lagen von Platten und Steinen.

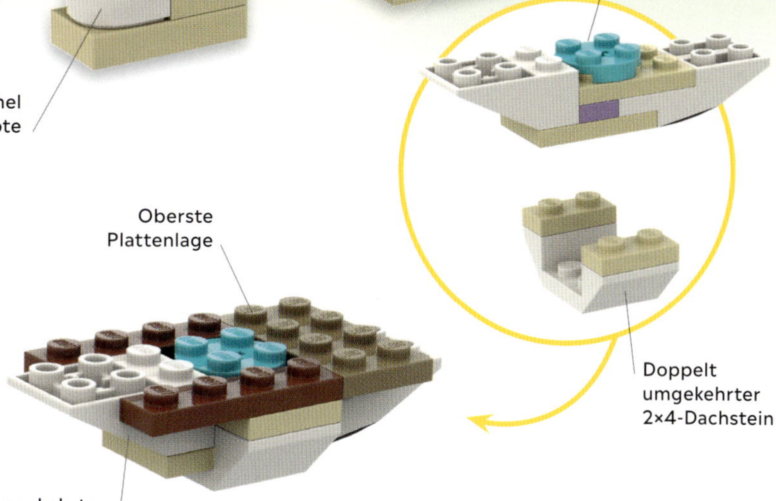

RUNDLICHER RUMPF

Baue den kurzen, stämmigen Körper deines Beuteltiers. Nimm hohe Steine für die Seiten und fülle die Lücke dazwischen mit acht Steinen mit Seitennoppen. Sie können jede beliebige Farbe haben, da sie mit Fell bedeckt werden. Befestige dann die Arme.

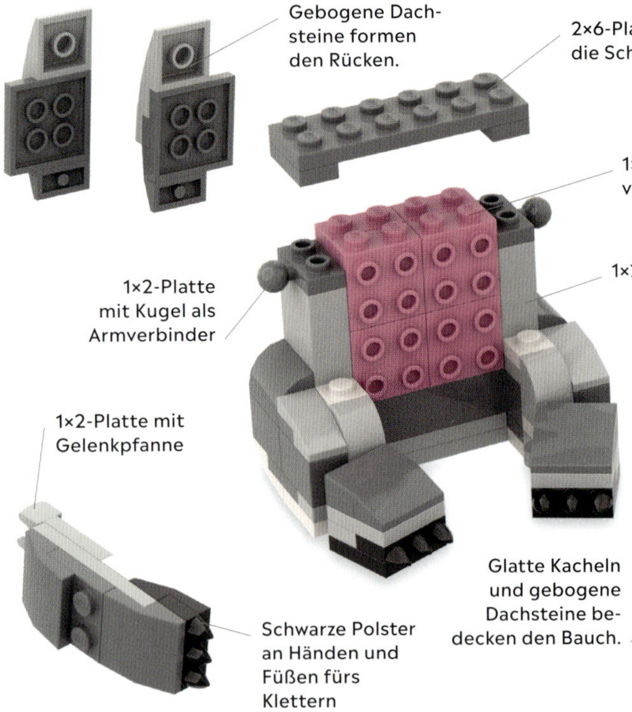

RECHTER ARM

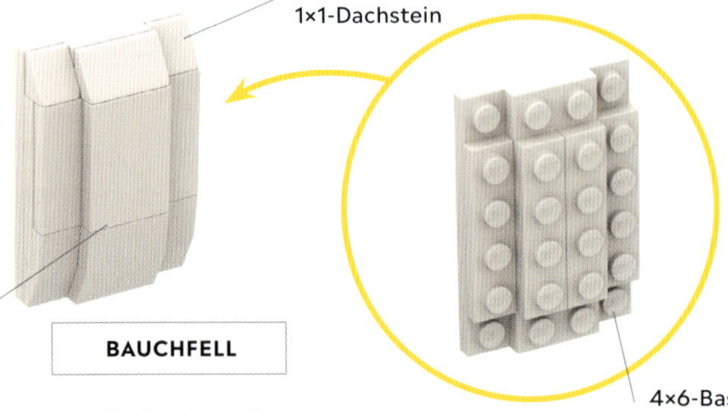

BAUCHFELL

KNUDDELIGE KURVEN

Runde die Schultern mit Platten und Kacheln ab und baue dann den typischen Kopf mit seinen runden Ohren. Verwende viele gebogene Dachsteine für die Rundungen. Baue vorn und hinten am Kopf Steine mit Seitennoppen an, wo du im nächsten Schritt weitere Details hinzufügen kannst.

LIEBENSWERTE DETAILS

Runde noch den Hinterkopf ab und baue in Seitwärtstechnik das Gesicht an. Zwei 2×3-Platten sitzen auf beiden Seiten daran und bilden eine Wölbung in 3-D. Wenn du nun vorn an diesen Platten Steckerplatten und kleine Kacheln befestigst, bekommt dein Koalakumpel ein richtiges Gesicht.

GEFLÜGELTES WUNDER

Dieses Flugtier wirkt wie Pegasus, das geflügelte Pferd aus der griechischen Sage. Verleihe ihm noch mehr Magie und kombiniere seinen geflügelten Körper mit ungewöhnlichen Farben und Gesichtszügen. Schon hebt sich dein LEGO Pferd von der Herde ab.

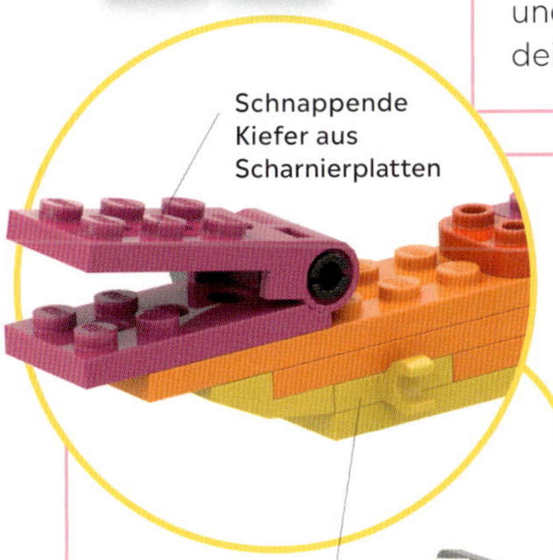

SCHNIPPSCHNAPP

Ist das ein Frosch? Ein Krokodil? Ein Skorpion? Rate mal! Mit seinem schnappenden Unterkiefer, dem aufgestellten Stachelschwanz und den Glupschaugen ist dieses Fantasiemonster alles auf einmal!

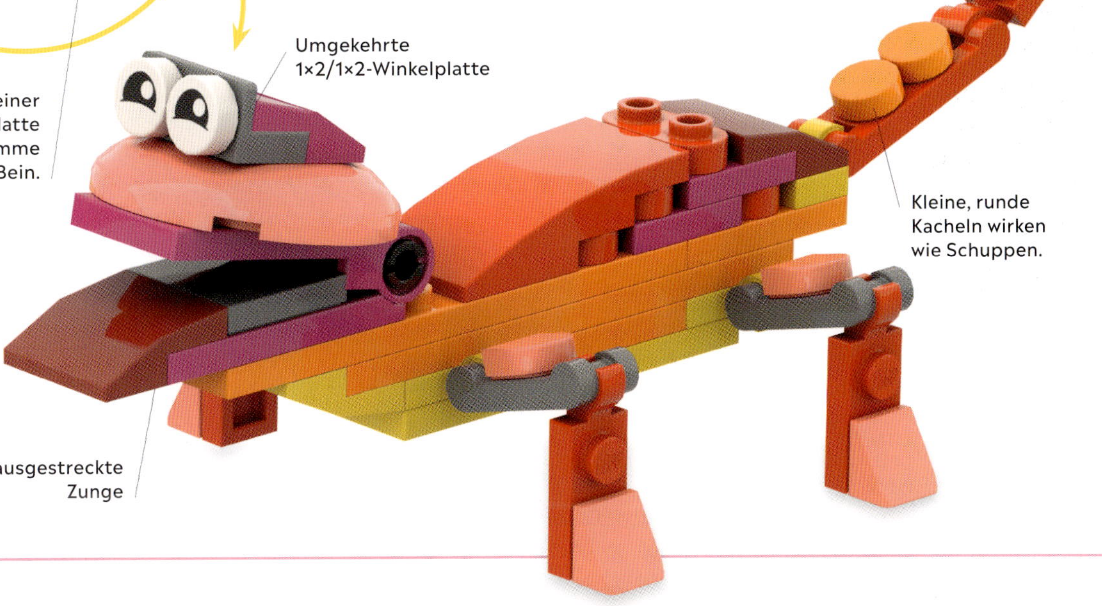

FAULTIER

TIERWISSEN

Faultiere können sich auf dem Boden schlecht bewegen, sind aber gute Schwimmer. Manchmal lassen sie sich vom Baum ins Wasser fallen. Baue für dieses Modell einen Fluss zum Herumplanschen!

Dieses Säugetier verschläft gern den Tag hoch oben in einem Regenwaldbaum und hofft, dass nichts passiert. Es hat einen rundlichen Kopf, einen Körper mit zerzaustem Fell und lange Gliedmaßen, mit denen es sich perfekt abhängen lässt. Faultiere haben einen sehr langsamen Stoffwechsel und schlafen bis zu 20 Stunden am Tag. Lass dir also ruhig Zeit mit diesem Modell ...

RÜCKANSICHT

Gib deinem Faultier zuerst einen kräftigen Rumpf, auf dem es sich bequem sitzen lässt. Dazu baust du auf eine Lage von Platten eine Lage von Steinen. Bilde die rundliche Körperform aus Dachsteinen und runden Steinen.

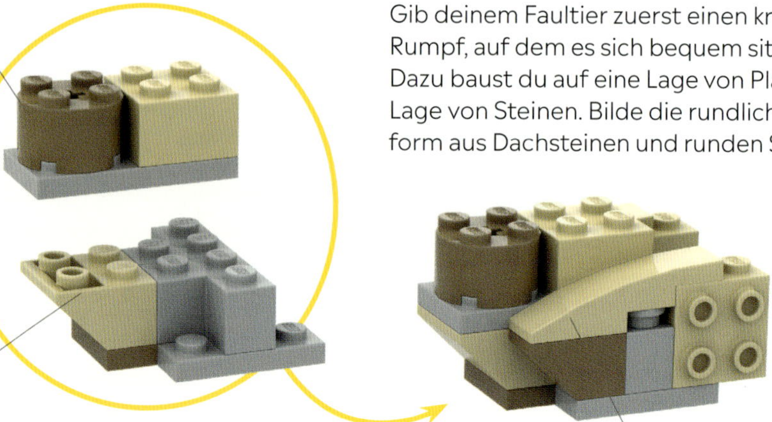

VORDER-GLIEDMASSEN

Baue nun zwei obere Gliedmaßen auf die Basislagen sowie weitere Steine und Platten für den Oberkörper. Füge Steine mit Seitennoppen ein, um daran später das weiche Fell zu befestigen.

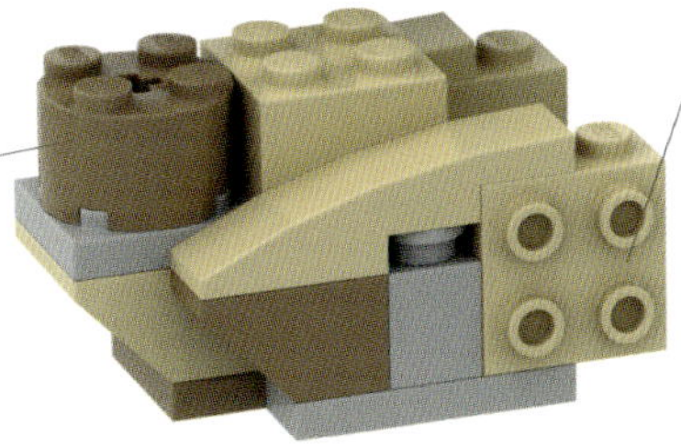

ABRUNDEN

Für die knuddeligen Kurven fügst du zwei doppelt gebogene Dachsteine als Rücken sowie zwei Dachsteine für Hals und Schultern an. Bedecke dann die Noppen an den Gliedmaßen mit glatten Kacheln und gebogenen Dachsteinen.

SCHLÄFRIGER KOPF

Gestalte nun den kleinen, rundlichen Kopf deines Faultiers. Dafür setzt du Steine mit Seitennoppen auf modifizierte Kacheln und baust von da aus in drei Richtungen an. Füge noch ein freundliches, flaches Gesicht aus einer runden Platte und Kacheln hinzu und gönne dir endlich deinen verdienten Faultierschlummer!

KANINCHEN

Wie wäre es mit einem LEGO Kaninchen? Dieses flauschige Wesen hat lange Ohren, ein süßes rosa Näschen und ein puscheliges Schwänzchen. Spiele ruhig ein wenig mit den Farben. Es könnte ein braunes, graues oder weißes Fell haben oder ein gelbes wie dieses hier – ganz wie du willst.

TIERWISSEN

Es gibt 49 Kaninchenrassen auf der Welt. Der Flämische Riese wird am größten: Er kann so groß wie ein kleiner Hund werden. Für ein Tier in Lebensgröße bräuchtest du eine Menge LEGO Elemente!

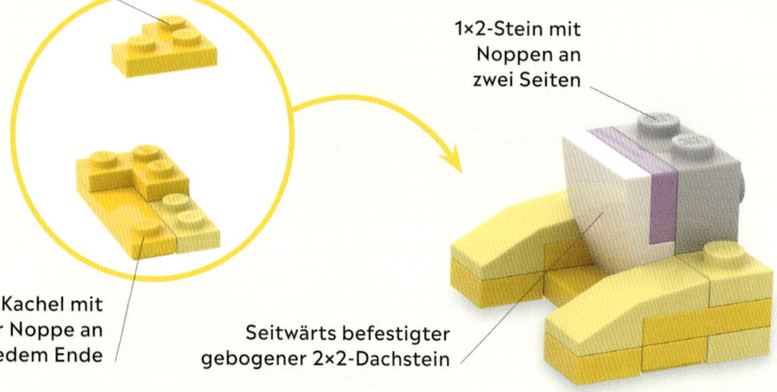

VON UNTEN NACH OBEN

Kaninchen hoppeln auf kräftigen Hinterbeinen herum. Baue von einer stabilen Plattenbasis aus und nimm glatte Dachsteine für die kräftigen „Läufe". Füge dann noch für Bauch und Schwanz an zwei Seiten einen Stein mit Noppen ein.

KANINCHEN-KÖRPER

Bauch und Brust eines Kaninchens werden nach oben hin breiter. Auf den aufwärts gebauten Mittelabschnitt aus weißen Platten setzt du deshalb zwei Steine mit Seitennoppen. In diesem Schritt baust du auch die rundlichen Oberschenkelteile auf die Hinterbeine.

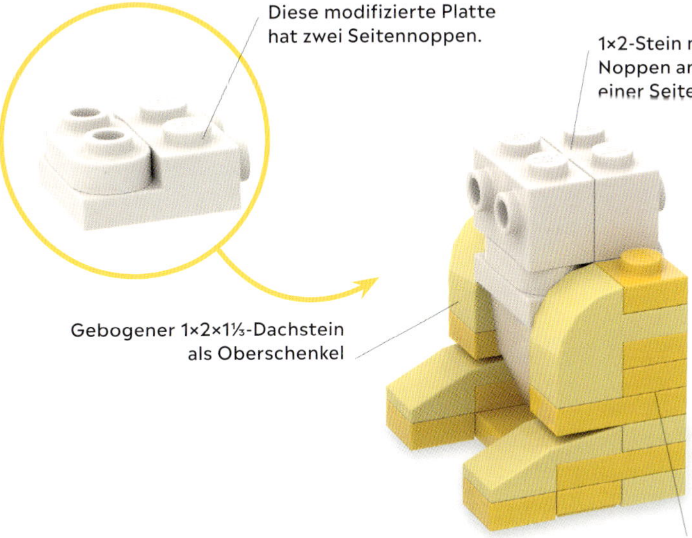

KURVEN BILDEN

Beginne mit den Vorderbeinen und geneigten Schultern des Tiers und baue dann eine Wölbung am Rücken hinzu. Der runde Rumpf mit dem Schwänzchen wird als ein Abschnitt gebaut und seitlich an den Hauptkörper gesteckt.

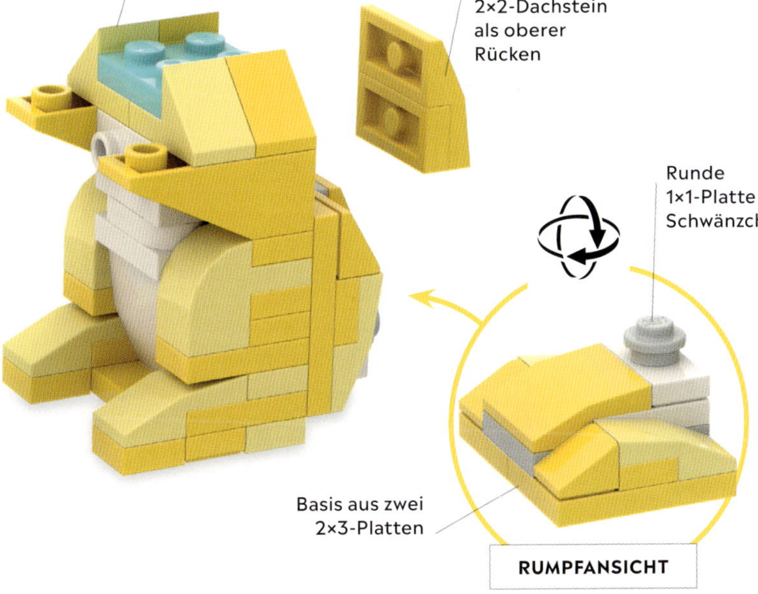

PUSCHELFELL

Forme nun den runden Kopf für dein Kaninchen. Steine mit Seitennoppen bilden einen zentralen Würfel, an den du weitere Elemente in fünf Richtungen befestigst. Zum Schluss noch die Augen, die Nase und zwei gespitzte Ohren – fertig ist dein flauschiger Freund!

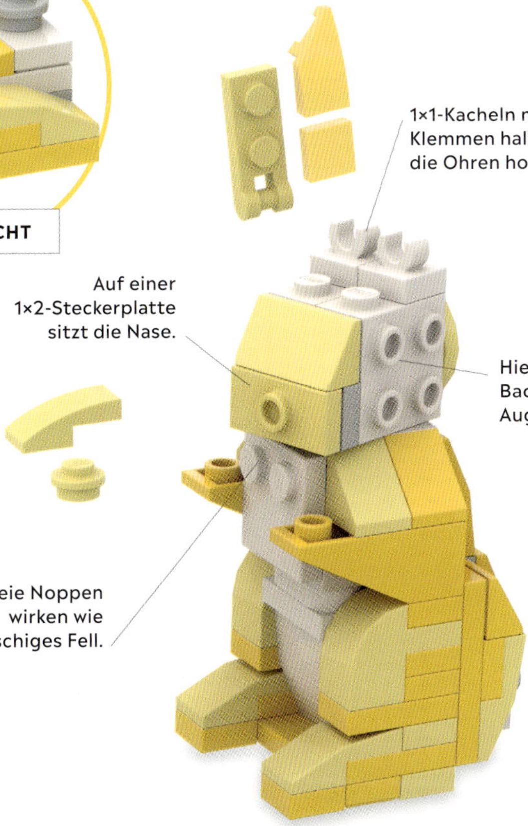

MIKROTIERE

Du kannst alle Tiere in diesem Buch auch im Mikromaßstab bauen, also kleiner als im Minifigurenmaßstab. Dadurch kannst du selbst die winzigsten Elemente in deiner LEGO Sammlung kreativ nutzen. Ein kleiner Dachstein wird so im Handumdrehen zu einem Vogelschnabel oder der Rundung eines Elefantenohrs.

WELLENSITTICH

Beim Bauen im Mikromaßstab musst du nicht auf Details verzichten. Dieser bunte Wellensittich hat feine Federn um die Füße und ein hellgelbes Kopfgefieder. Er kann sogar mit den Flügeln flattern!

LIEBE KUH

Dieses Rindvieh ist wirklich süß. Die langen Wimpern verraten viel über seine Persönlichkeit, sogar bei diesem kleinen Modell. Auch andere bekannte Merkmale wie weiße Hörner, große Nüstern und das pinke Euter fehlen nicht.

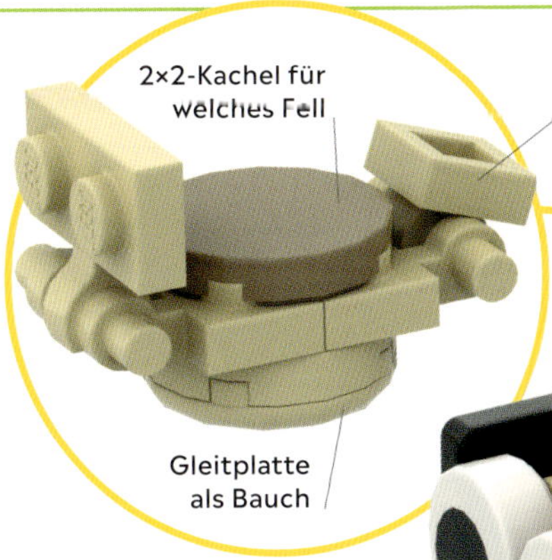

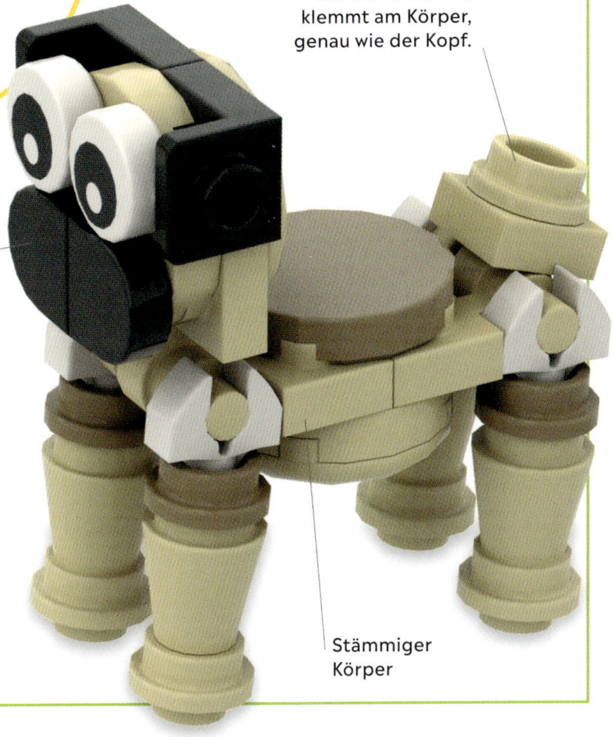

MOPS

Du magst Möpse? Bau dir doch einen im Mikromaßstab. Sieh dir nur diese Kulleraugen und die Schlappohren an! Du kriegst mit, wenn er glücklich ist, denn dann bewegt er den Kopf und wackelt mit dem Schwanz.

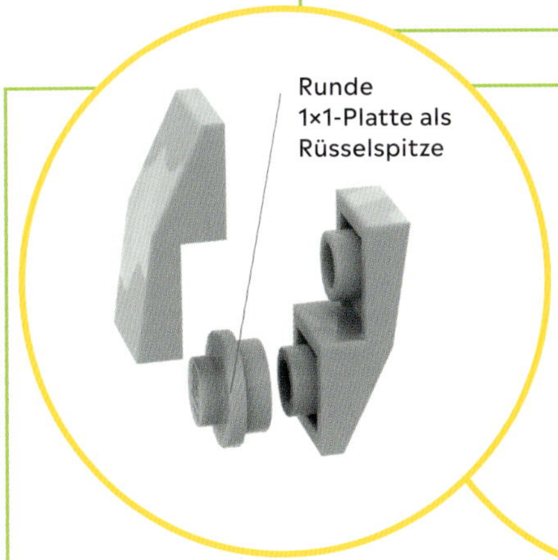

ELEFANTENBABY

Komm und spiel mit dem Elefantenbaby! Es wedelt schon mit den großen Ohren und trompetet ein fröhliches „Hallo" mit seinem langen Rüssel. Bei diesem Mikromodell sind alle grauen Elemente so klug verbaut, dass man es sofort als Elefant erkennt.

ORCA

Für dieses Meerestier musst du nicht abtauchen! Mit seiner typischen schwarz-weißen Färbung ist es eindeutig ein Orca, die größte Art unter den Delfinen. Mit der gleichen Form, aber in anderen Farben, kannst du auch andere Delfinarten und sogar Wale bauen. Lass deinen Orca mit seiner kräftigen Schwanzflosse und den beweglichen Flossen durch den Ozean sausen!

TIERWISSEN

Orcas machen in großen Gruppen mit bis zu 50 Tieren Jagd auf Fische, Vögel und Robben. Sie kommunizieren untereinander und arbeiten zusammen, um ihre Beute zu fangen.

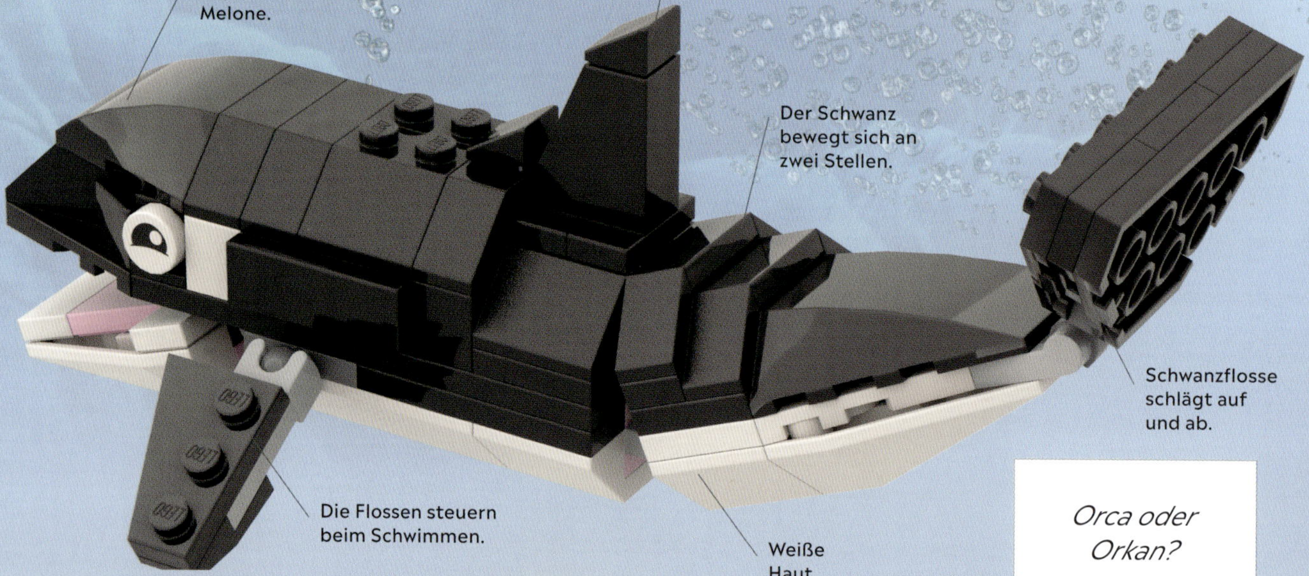

RUNDER BAUCH

Baue auf einer flachen Basis aus zwei schwarzen 4×4-Platten die Körpermitte dieses Meeressäugetiers. Der sich verjüngende Vorderabschnitt aus zwei Keilplatten bildet später den oberen Teil des Mauls.

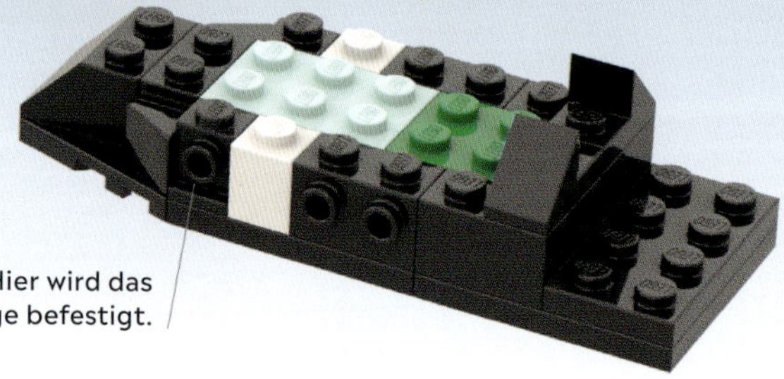

KLAFFENDE KIEFER

Baue am Oberkörper weiter und füge seitlich Dachsteinelemente an, um die richtige Rundung zu erzielen. Ein großes Keilelement eignet sich perfekt für die Stirn (oder „Melone") des Orcas. Setze nun darunter den gefährlichen Unterkiefer dieses wilden Jägers und seinen weißen Bauch an.

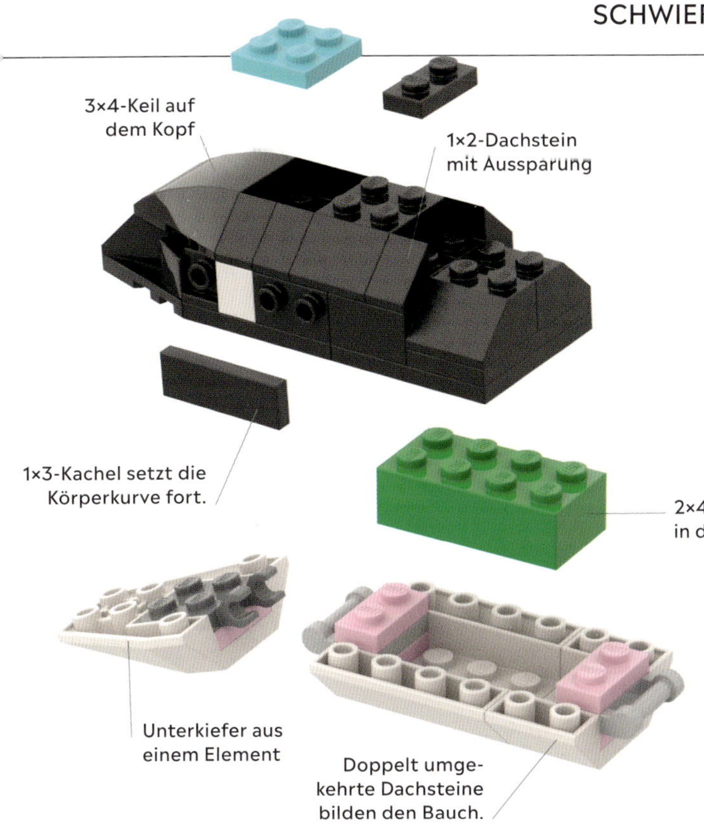

SCHWIMMBEREIT

Klicke die Körperteile zusammen und füge Flossen, Finne und den zweiteiligen Schwanz hinzu. Beide Schwanzabschnitte werden mit Klemme und Stange verbunden, während die Brustflossen an Platten mit Kugelgelenken sitzen, die im Körper eingebaut sind.

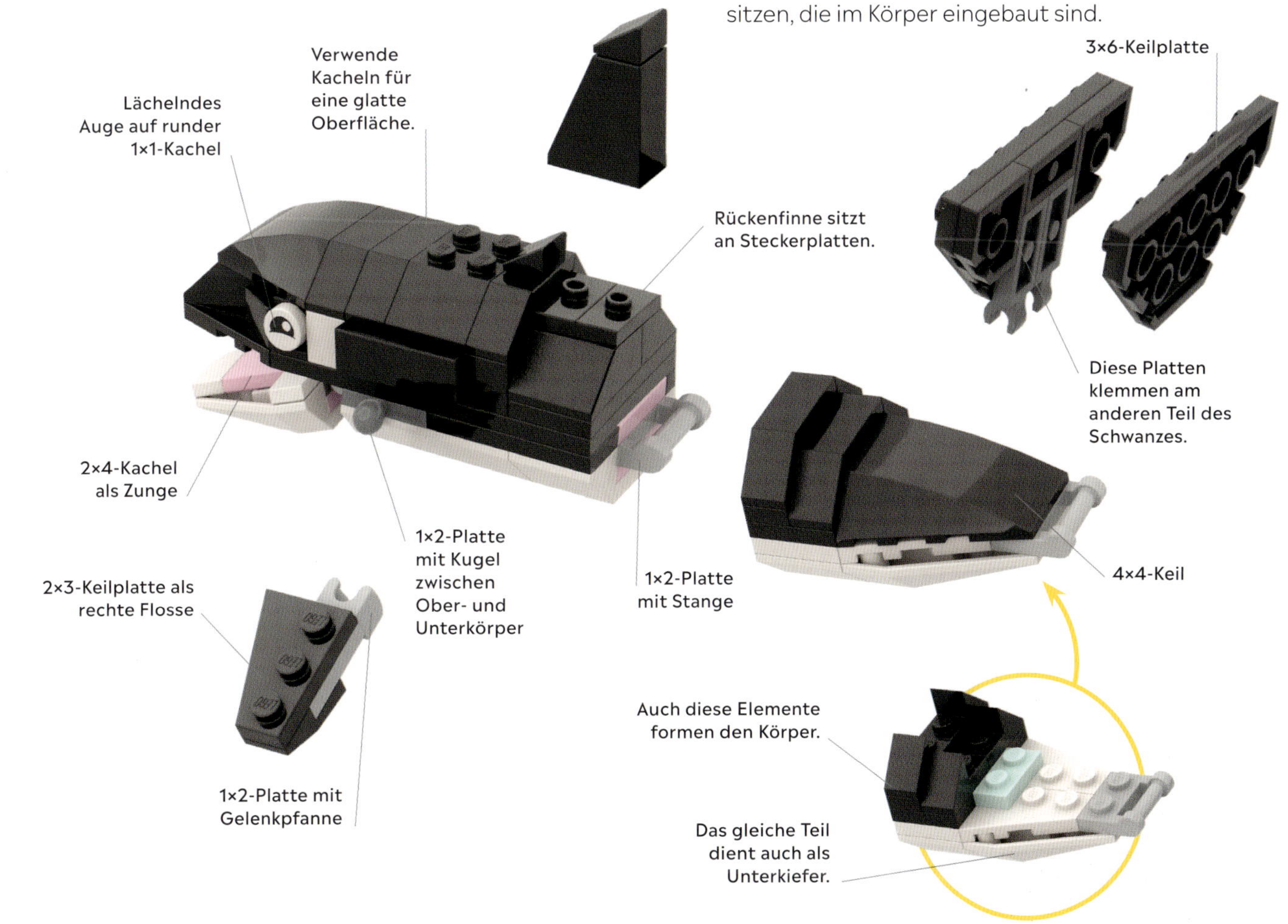

HAHN

Auf einem Bauernhof kräht der Hahn früh am Morgen. So wissen alle, dass ein neuer Tag begonnen hat. Hähne unterscheiden sich von Hennen dadurch, dass sie größere Schwanzfedern und einen längeren Kamm auf dem Kopf haben. Füge deine buntesten Steine zu einem prächtigen Gockel zusammen!

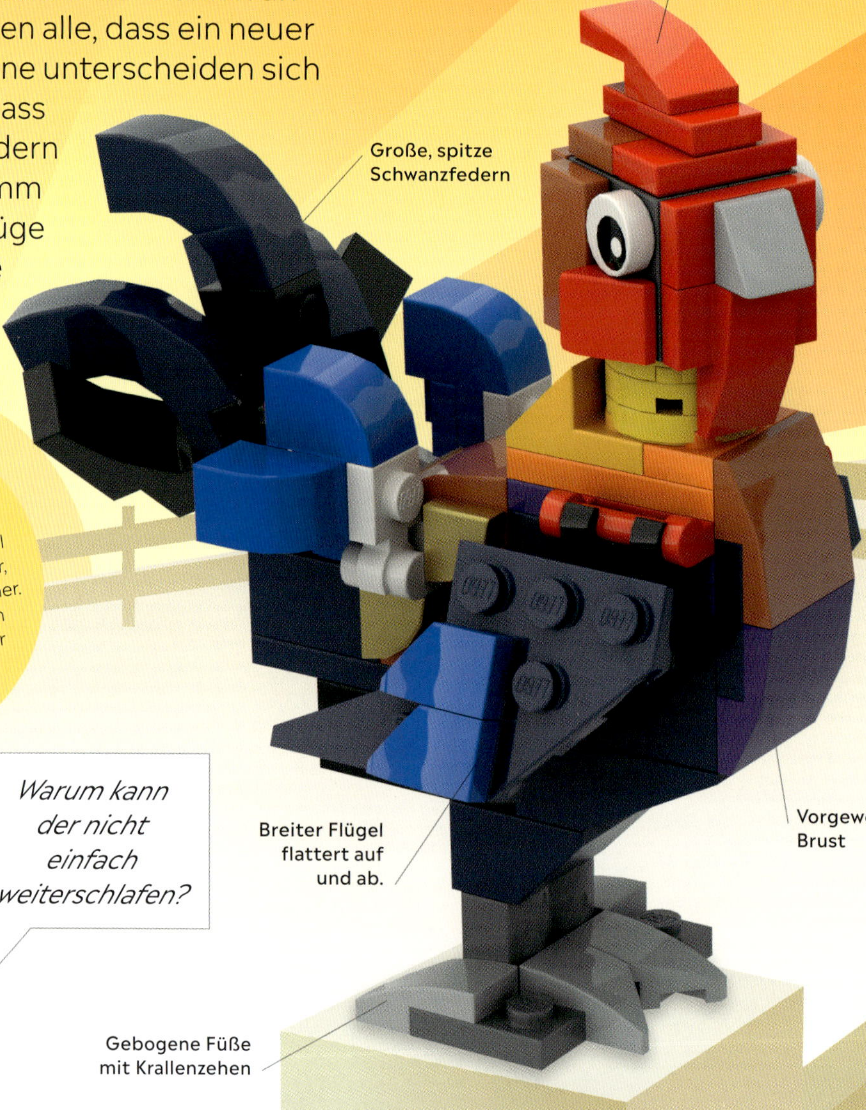

TIERWISSEN

Hähne fressen fast alles, was ihnen vor den Schnabel kommt – ob Früchte, Körner, Samen, Insekten oder Würmer. Baue aus deinen kleinsten Elementen doch ein paar Leckerli für deinen Hahn!

Warum kann der nicht einfach weiterschlafen?

FRÜHER VOGEL

Beginne mit der Mitte des Körpers deines Hahns. Baue aus Steinen und Platten eine Form, die vorn an der Brust gewölbt und am Rücken abgestuft ist. Dort werden die Schwanzfedern befestigt.

BUNTES FEDERVIEH

Baue nun den Körper nach oben auf. Die obersten Lagen enthalten Elemente mit Verbindungspunkten – Steine mit Seitennoppen und Platten mit Stangen –, an denen in den nächsten Schritten Flügel und Federn befestigt werden.

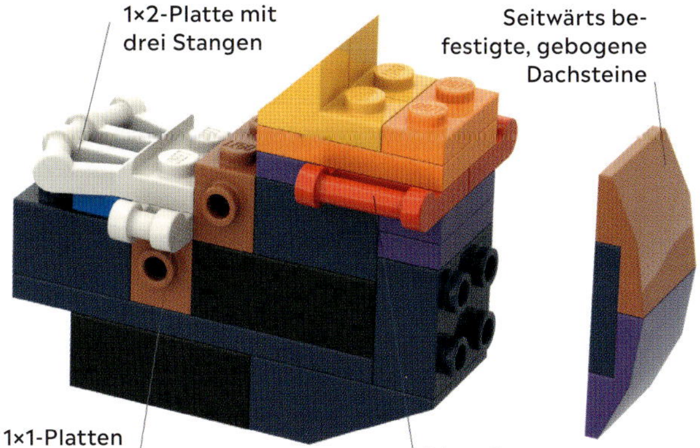

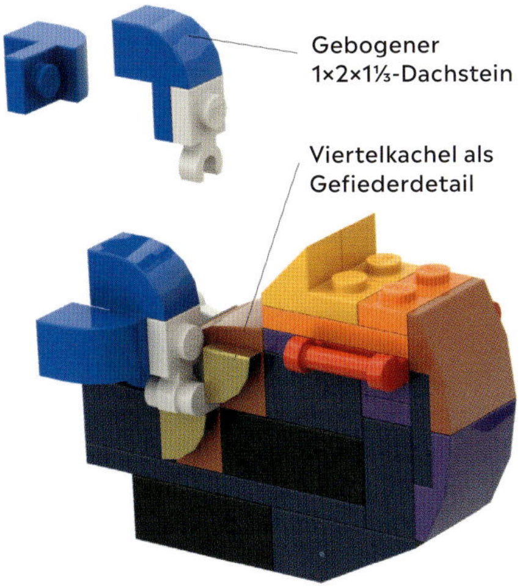

SCHWANZ-GEFIEDER

Befestige aus Elementen mit Klemmen die ersten Federn an den Stangen am Rücken des Hahns. Setze die blauen Federn aus gebogenen Dachsteinen im rechten Winkel an.

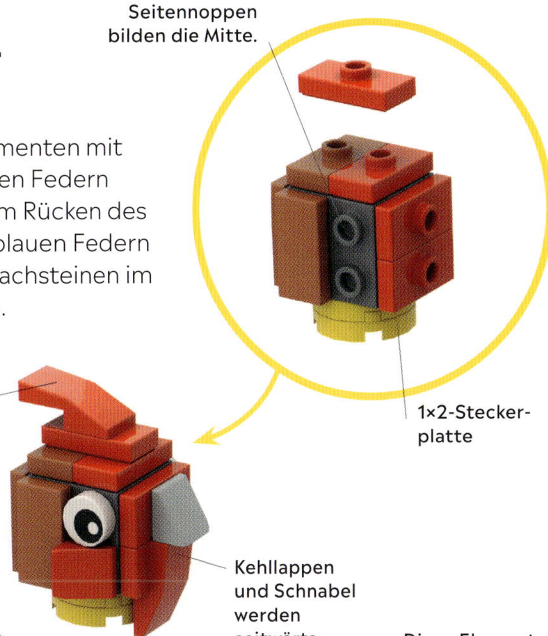

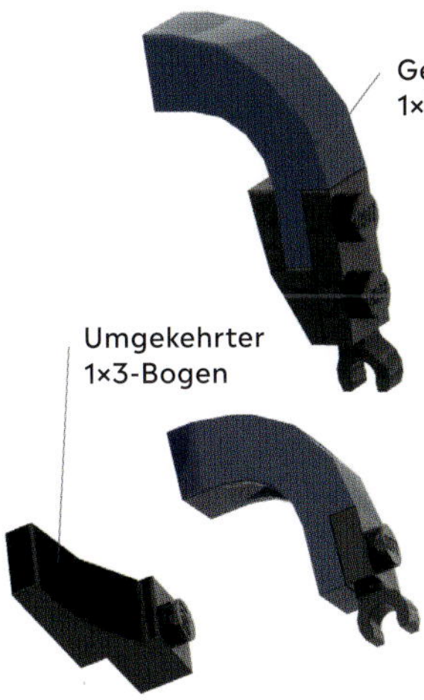

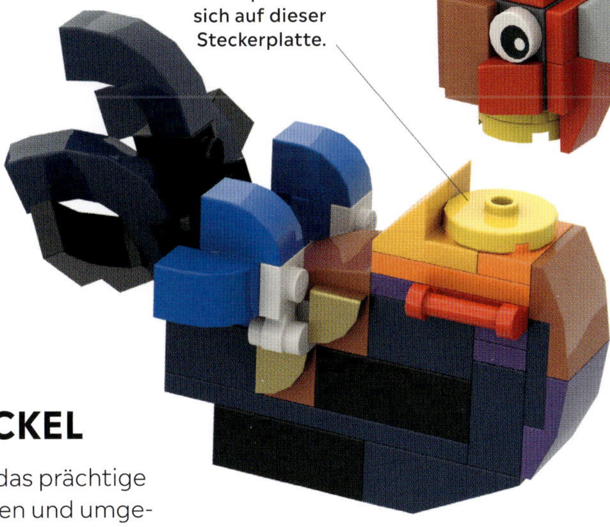

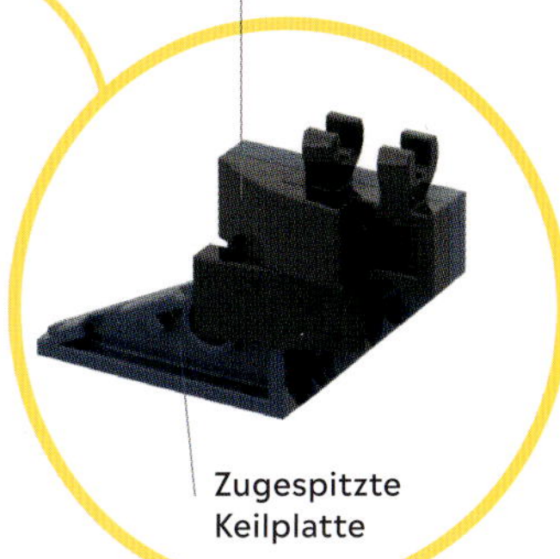

FLÜGEL VON HINTEN

STOLZER GOCKEL

Baue an den Schwanz das prächtige Gefieder aus gebogenen und umgekehrten Bogenelementen und füge dann Kopf, Flügel und Füße an. Die Flügel sitzen an Klemmen, während am Kopf in Seitwärtsbauweise die klassischen Hahnmerkmale befestigt werden. Kikeriki!

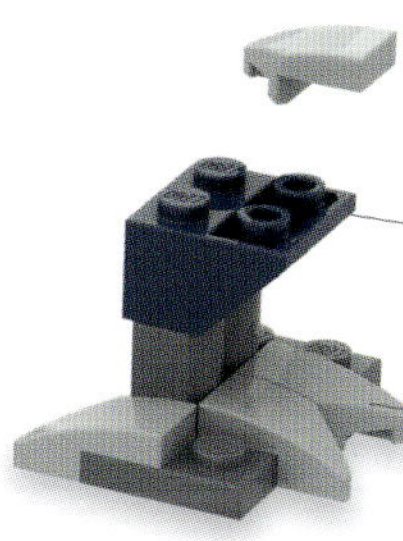

WÄLDER UND DSCHUNGEL

Viele Wildtiere leben in den bewaldeten Regionen unseres Planeten. Wälder und Dschungel bieten ihnen Nahrung und Schutz zugleich. Manche Tiere hängen gern hoch oben in den Bäumen ab, andere fühlen sich am Boden wohl. Hier sind ein paar Ideen, wie du deinen Lieblingen einen wilden, schattigen und feuchten Lebensraum schaffen kannst.

NADELWALD

Nadelbäume wie Kiefern sind immergrün. In diesen Habitaten fühlen sich Eulen, Bären, Eichhörnchen und Rehe wohl. Baue gleich mehrere hohe Bäume mit spitzen, nach unten zeigenden Nadeln auf einen dunklen, feuchten Waldboden und setze auch ein paar Farne dazwischen.

Umgekehrter 2×2×4 Dornbusch

Feuchter, schwerer Boden

SCHÖNE AUSSICHT

Von dieser Baumkrone aus kann man (fast) die ganze Welt beobachten. Manche Baumbewohner wie das Faultier schlafen aber die meiste Zeit! Für eine hübsche Waldszenerie brauchst du nur ein paar Äste und einen kleinen Baumstammabschnitt.

Blätterlagen bilden die Baumkrone.

Halbbogensteine als Äste

Geriffelte Steine ergeben eine raue Struktur.

PERFEKTER HOCHSITZ

Wo würden deine LEGO Tiere wohl am liebsten abhängen? Baue ihnen den perfekten Hochsitz. Für das bunte Chamäleon ist dieser Baumstumpf auf dem Regenwaldboden bestens geeignet.

DSCHUNGELSZENE

Dieser Dschungel quillt förmlich über vor tropischen Bäumen, üppigen Pflanzen, baumelnden Lianen und bunten Blüten. Affen, Eidechsen, Papageien und Tiger in Mikrogröße werden ihre feuchte Heimat lieben.

FROSCH

Quak, quak! Diese Amphibie springt auf extralangen Beinen vom Land ins Wasser. Frösche haben einen glatten Körper, große Augen und Füße mit Schwimmhäuten. Sie sind hervorragende Schwimmer und Hüpfer. Viele Frösche sind leuchtend grün wie dieser. Andere, wie die Giftfrösche, sind grellbunt. Wie sieht deiner aus?

TIERWISSEN

Frösche und Kröten sind Amphibien. Sie ähneln sich zwar, doch die Haut von Fröschen ist feucht und glatt, die der Kröten trocken und voller Warzen. Kannst du aus LEGO Elementen eine Kröte bauen?

Wer küsst mich denn jetzt?

BAUCHGEFÜHL

Manche Elemente eignen sich perfekt für einen Tierkörper! Baue an den dreifach umgekehrten Keil am Hinterteil des Froschs die Elemente für den flachen, breiten Bauch an. Füge seitlich zwei umgekehrte Dachsteine an und setze Platten darauf.

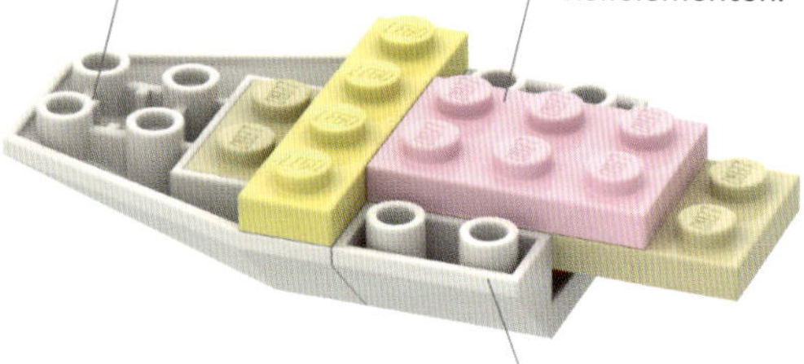

RUMPF

Baue nun den breiten, glatten Rumpf mit gebogenen und schrägen Elementen auf. Der zusätzliche dreifach umgekehrte Keildachstein vorn am Froschkörper bildet später den unteren Teil seines Mauls.

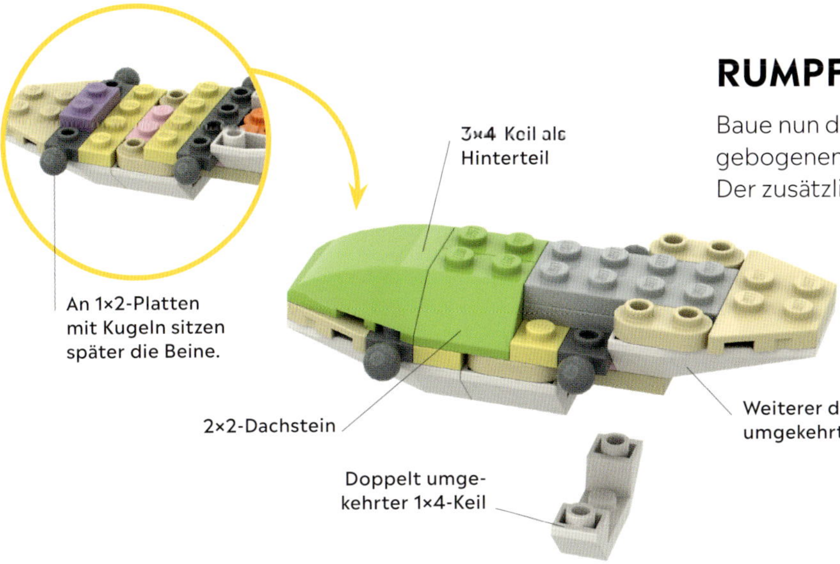

MIT KÖPFCHEN

Der Körper eines Froschs ist vorn höher als hinten. Baue also an der Brust zwei zusätzliche Lagen Platten auf. Beachte, dass der Kopf zum Maul hin schmaler wird – es ist nur zwei Noppen breit.

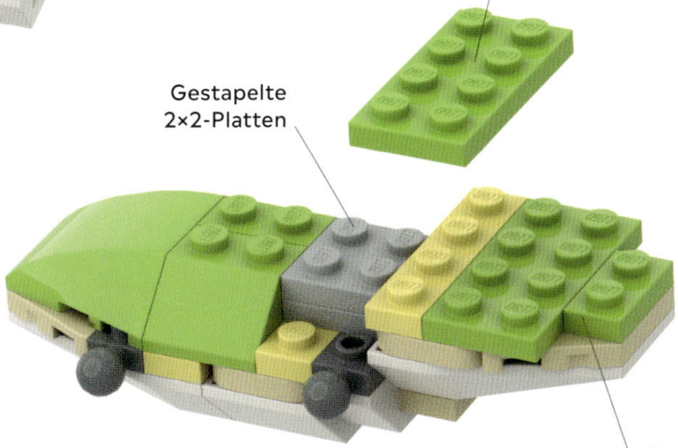

HÜPFT, IHR BEINE!

Decke den Kopf mit verschieden großen, gebogenen Dachsteinen ab und füge Platten mit Löchern für die Glupschaugen ein. Zum Schluss baust du die Gliedmaßen an – für maximale Sprungkraft müssen die Hinterbeine viel länger als die Arme sein!

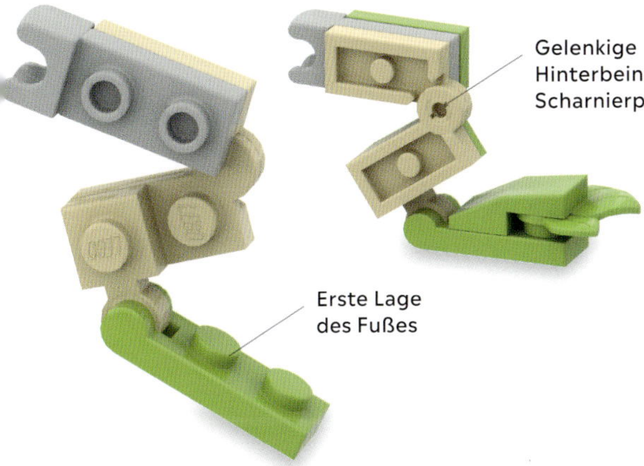

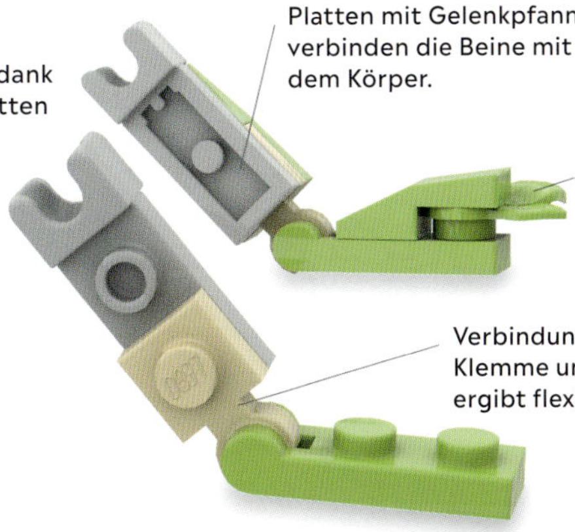

FUCHS

Dieser scheue, nachtaktive Aasfresser lebt heute nicht mehr nur im Wald, sondern auch in vielen Städten. Äußerlich ähnelt der Fuchs einem Hund. Gebe deinem Tier ein rotbraunes Fell, wachsame Ohren, eine spitze Schnauze und natürlich den typischen buschigen Schwanz, die „Rute“.

TIERWISSEN

Füchse gehören wie Wölfe zur Familie der hundeartigen Tiere. Aber anders als Wölfe jagen Füchse lieber allein als im Rudel. Sie fressen fast alles, von Beeren und Vögeln bis zu deinem Restmüll.

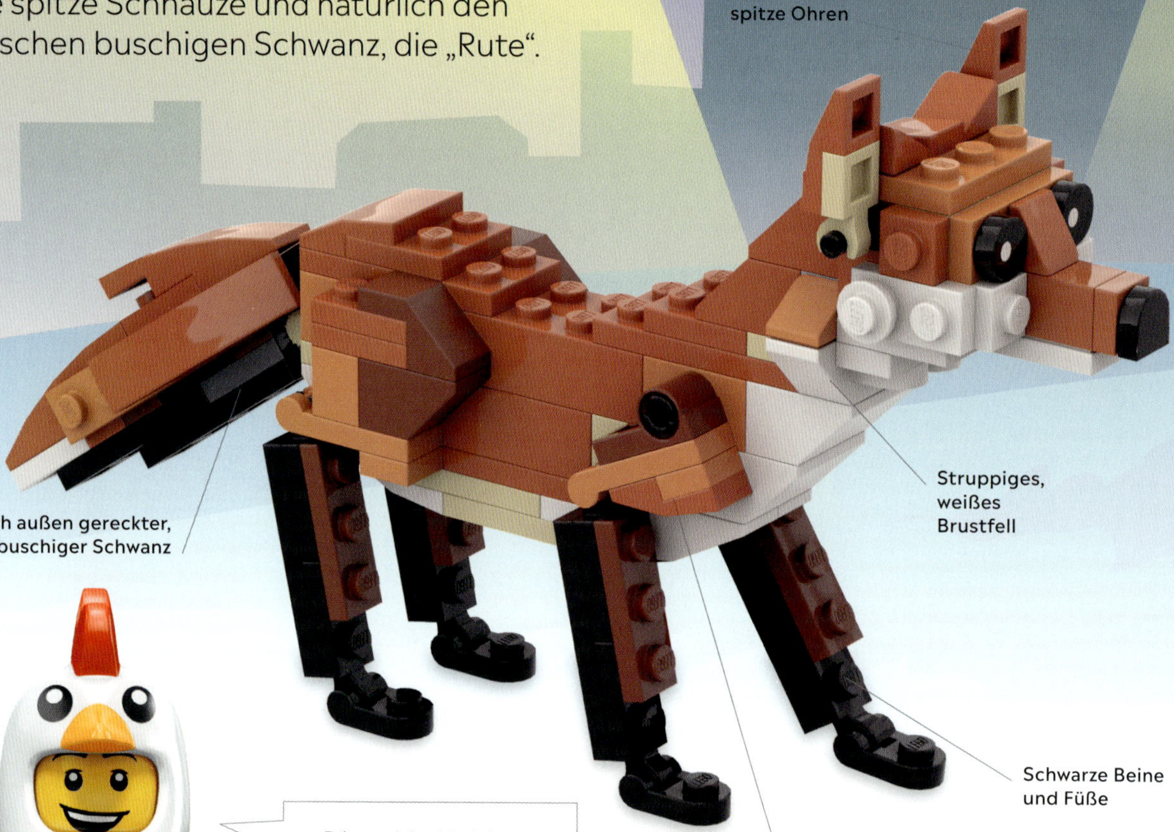

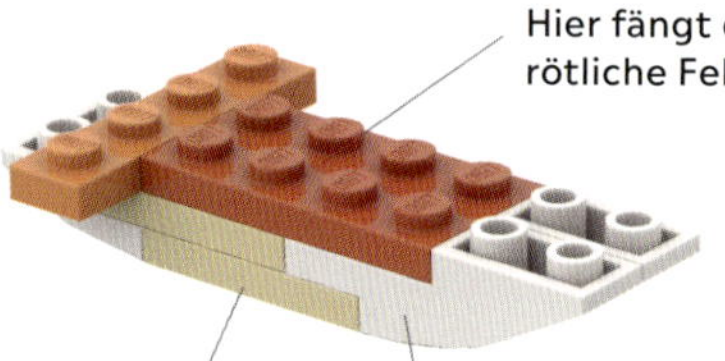

DER BAUCH ZUERST

Baue den Bauch deines Fuchses auf der Basisplatte der überwiegend hellen Unterseite auf. Verwende weiße und hellbraune Platten und Dachsteine, um den gewünschten Effekt zu erzielen.

BEINARBEIT

Nun kommen die Hinterbeine dran. Nachdem du die Körperbasis mit Steinen erhöht hast, setzt du an beide Seiten des Körpers umgekehrte Dachsteine an, die die breiten Oberschenkel bilden.

NUN DIE BRUST

Baue weitere Elemente an die Vorderseite des Fuchskörpers an, auch einen Stein mit einem Loch. Stecke auf beiden Seiten Halbpins hinein – daran befestigst du später die Vorderbeine.

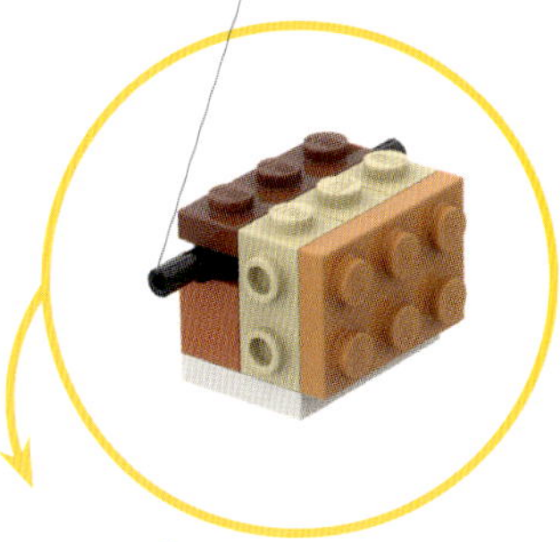

DIE RUTE

Die Rute des Fuchses baust du um Steine mit Seitennoppen auf. Setze oben und an den Seiten lange, gebogene Dachsteine an. So wirkt die Rute fantastisch buschig.

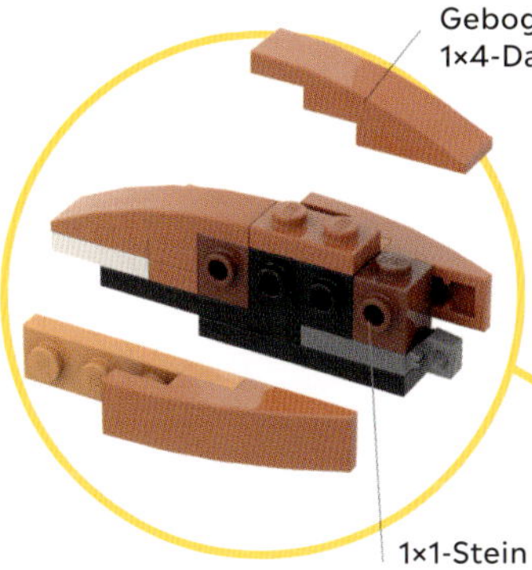

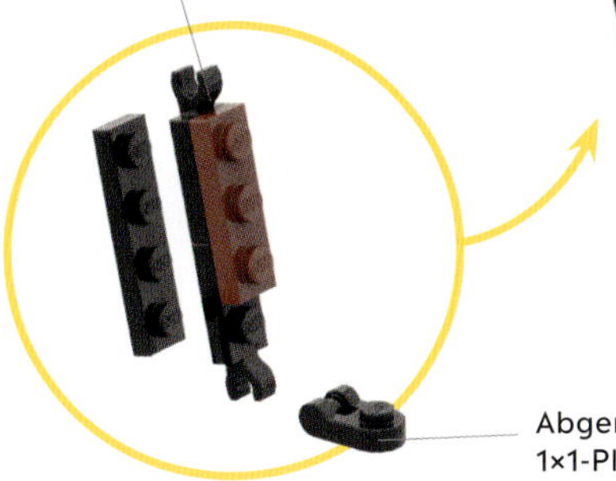

KOPF HOCH

Baue den Kopf mit gespitzten Ohren, langer Schnauze und wachsamen Augen. Gib dem Fuchs nun noch vier schlanke schwarze Beine. Jetzt kann er herumstreifen!

EBENEN UND WÜSTEN

Über zwei Drittel der Landmasse unseres Planeten sind weite, flache Ebenen und Wüsten, in denen nur sehr wenig Regen fällt. Trotzdem sind in diesen unwirtlichen Landstrichen viele Tiere zu Hause. Wo leben deine LEGO Tiere? Baue ihnen Landschaften, in denen sie gut gedeihen können!

AM WASSERLOCH

In trockenen Landschaften ziehen Wasserlöcher große wie kleine Tiere an. Sie sammeln sich hier, um zu trinken, Körperpflege zu betreiben und sich bei sengenden Temperaturen abzukühlen. Die Wasserquelle ist auch von Pflanzen, Gras und Schlamm umgeben, in dem sich Tiere gern wälzen.

IN DER WÜSTE

Pflanzen wie Tiere passen sich der Hitze an und können in diesen trockenen, felsigen Landstrichen überleben. Hier wachsen auch Kakteen – für Wüstenbewohner wie Kamele ein ganz besonderer Leckerbissen.

Da ist ein seltener Raubvogel!

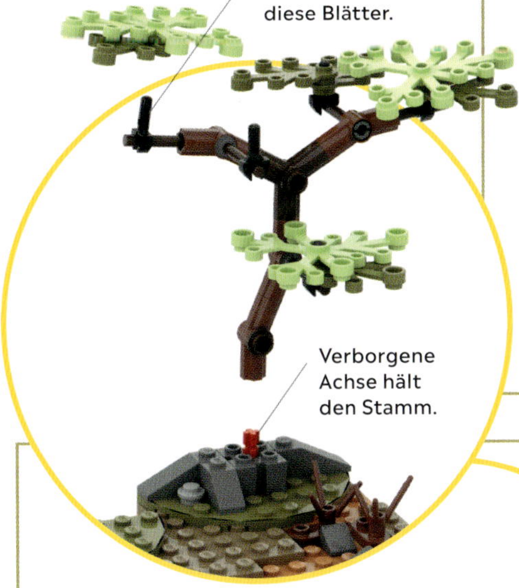

IM HOHEN GRAS

Oft genügt es schon, eine Landschaft nur anzudeuten. Viele Trockengebiete sind von solchen langen Gräsern bedeckt. Manche Fleischfresser verstecken sich im Gestrüpp, bevor sie sich auf ihre Beute stürzen!

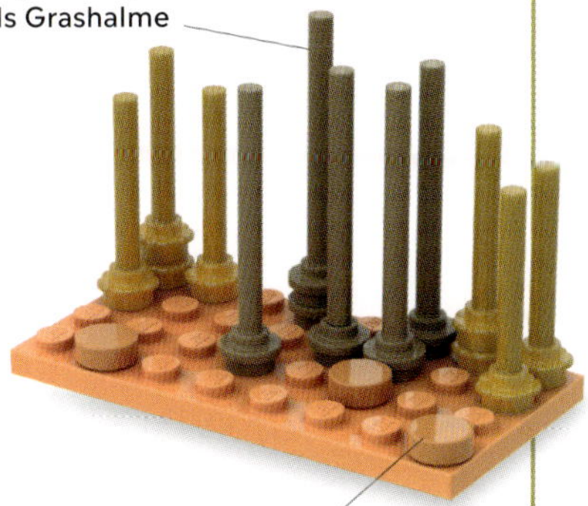

IN DER SAVANNE

Elefanten, Löwen, Giraffen und viele andere Tiere leben in Savannen. Das sind große, flache, mit Gras bedeckte Gebiete in heißen Ländern wie Südafrika. Dort wachsen auch Bäume wie diese Akazie. Sie bietet Schatten und ihre Blätter sind für Pflanzenfresser eine wichtige Nahrungsquelle.

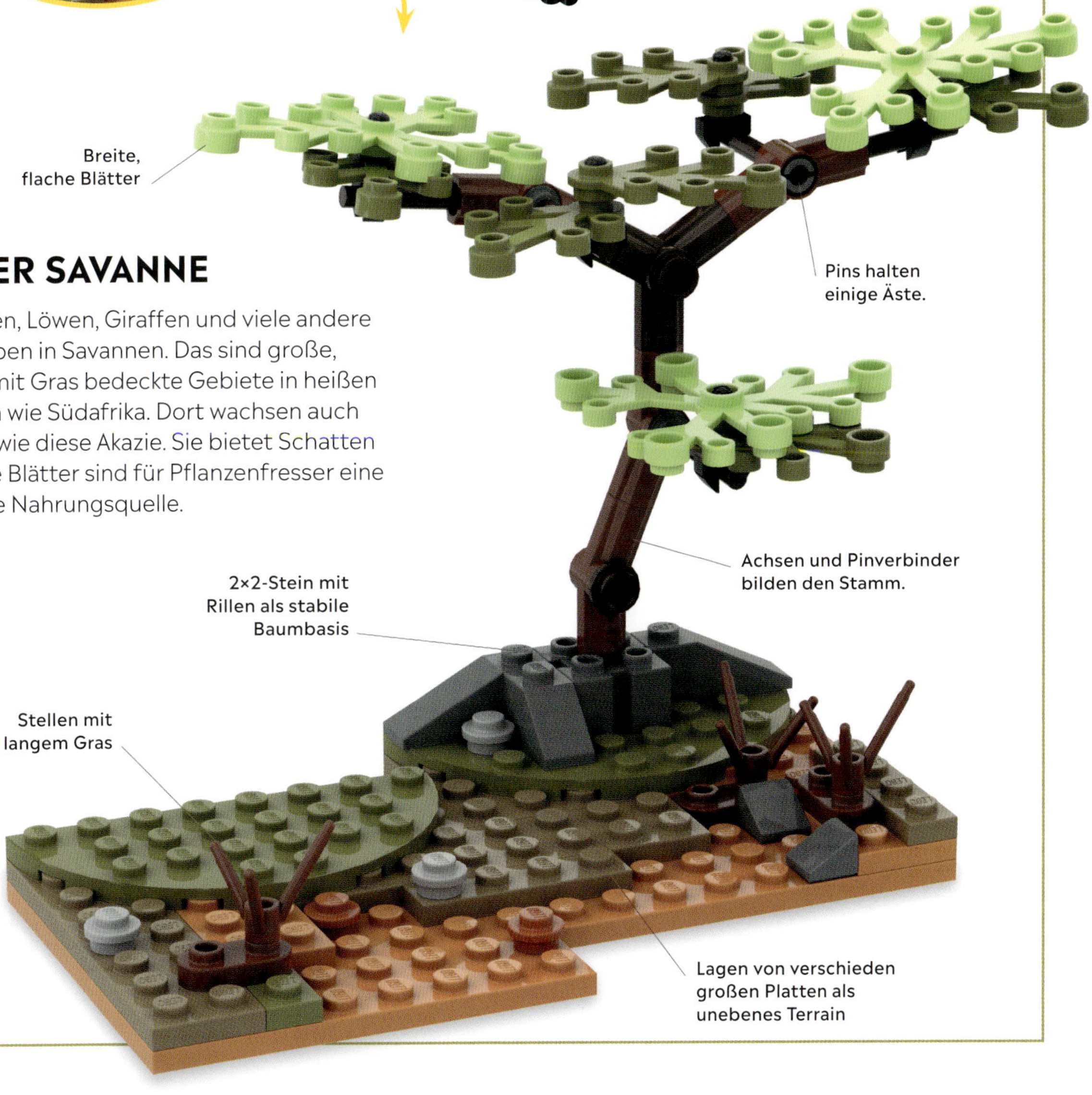

PFAU

Deine Freunde werden Augen machen, wenn du diesen wunderschönen Vogel baust! Das Männchen beeindruckt das Weibchen, indem es seine langen, blau und grün schimmernden Federn zur sogenannten Schleppe auffächert. Je bunter und größer, desto besser! Verwende deine schönsten Steine für einen Pfau in all seiner Pracht.

TIERWISSEN

Körper und Schleppe der Pfauhennen sind überwiegend grau gefärbt. So werden sie seltener von Raubvögeln entdeckt, die ihre Eier oder Küken stehlen könnten.

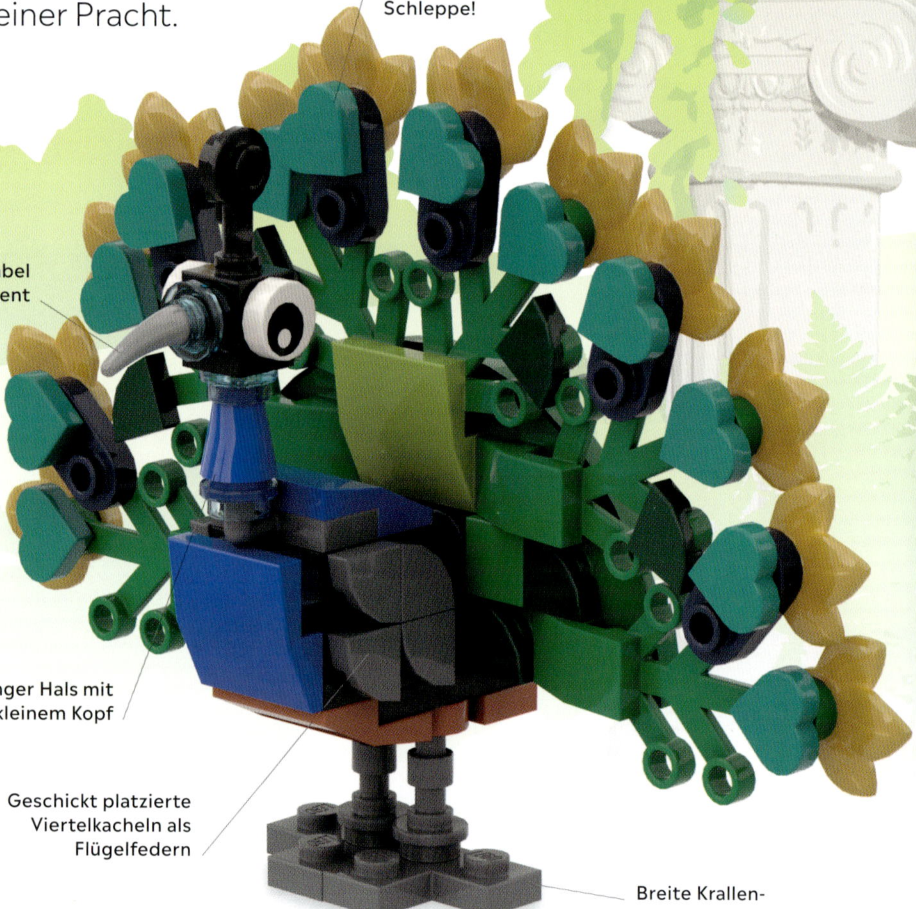

DIE SCHLEPPE ZUERST

Beginne den Pfauenkörper auf zwei modifizierten Kacheln mit je einer Noppe an beiden Enden. Nach diesem ersten Schritt baust du im Raum dazwischen die Schleppe seitwärts auf.

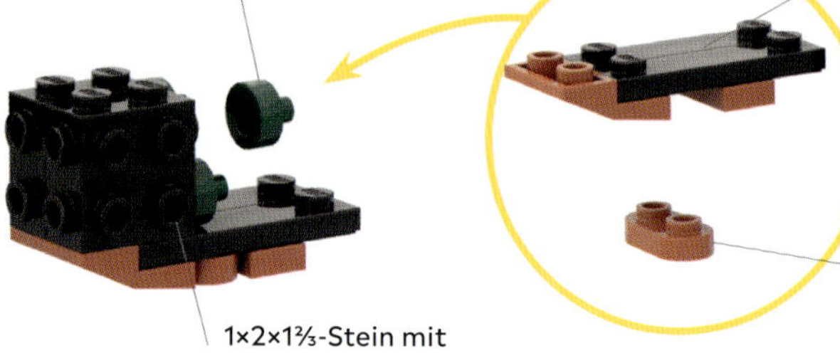

STOLZGESCHWELLTE BRUST

Für das glatte Brust- und Rückengefieder steckst du gebogene Dachsteine auf und vor zwei Steine mit Seitennoppen. Unter dem obersten gebogenen Dachstein sitzt eine Platte mit Haken für den Hals.

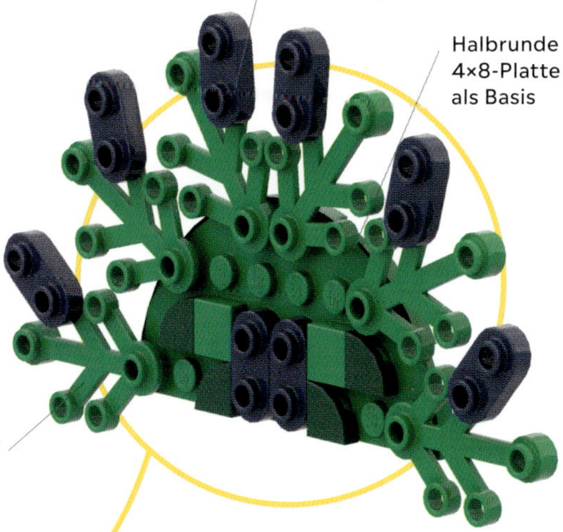

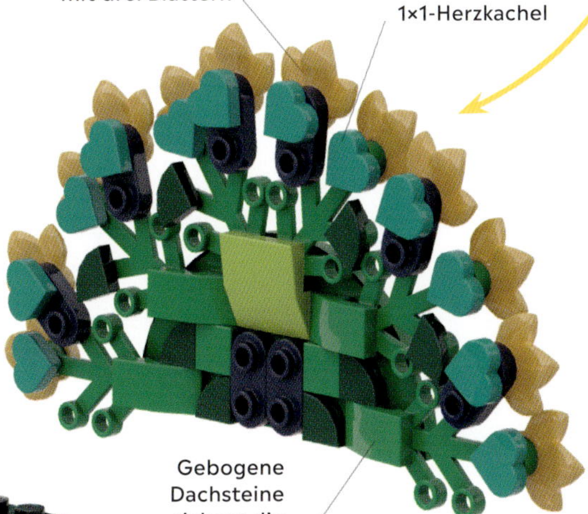

GROSSES RAD

Baue den Pfauenkopf und darauf eine Feder. Nun kommt das Auffälligste an diesem Vogel: das Rad. Es wird um eine grüne Halbkreisplatte herumgebaut, mit Blattelementen, abgerundeten Platten und Kacheln für das Gefieder.

DAS HINTERTEIL

Die Schleppe eines Pfaus ist nicht sein Schwanz, denn die Schleppenfedern liegen auf den eigentlichen Schwanzfedern, wenn der Fächer nicht zum Rad gespreizt wird. Baue ein Hinterteil und zwei Krallenfüße, auf denen dein neuer gefiederter Freund herumstolziert.

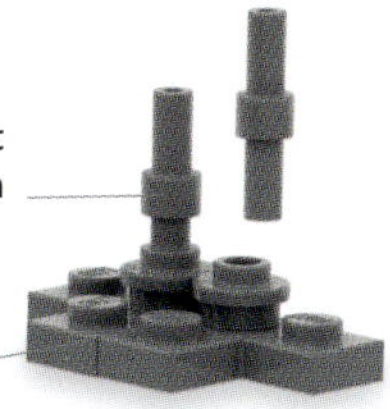

FLUSSPFERD

Das massige Flusspferd ist eines der größten und schwersten Landtiere der Erde. Diese LEGO Version ist dagegen ein echtes Leichtgewicht und hat doch alle Merkmale des echten Tiers: eine dicke, haarlose Haut, einen fassförmigen Körper und große, stoßzahnartige Eckzähne, die es bei Gefahr zur Verteidigung benutzt. Aber keine Panik: Unser Freund hier lächelt gerade!

TIERWISSEN

Flusspferde spielen gern im Wasser, um sich abzukühlen. Das altgriechische „Hippopotamos" bedeutet Wasserpferd. Die „Hippos" sind näher mit Walen und Delfinen verwandt als mit Landsäugetieren!

STARKER START

Alles an einem Flusspferd ist massig, besonders sein Bauch, den es gern mit Gras vollstopft. Verwende eine Basisplatte für die weiche Unterbauchhaut und setze dann Dachsteine in zwei Größen für den gewölbten Bauch darauf.

KOLOSSALE KURVEN

Baue den Körper mit weiteren Steinen und Platten auf und füge dann einige Kurven hinzu. Zwei runde Ecksteine bilden hinten den perfekten Hippo-Rumpf. Überlege bei diesem Schritt auch, wo du die Beine befestigen willst.

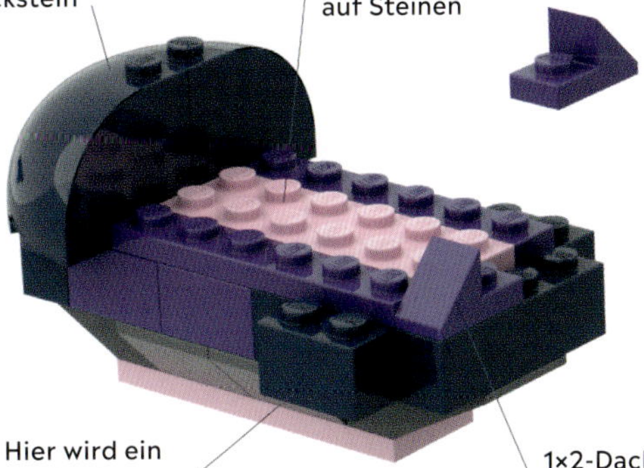

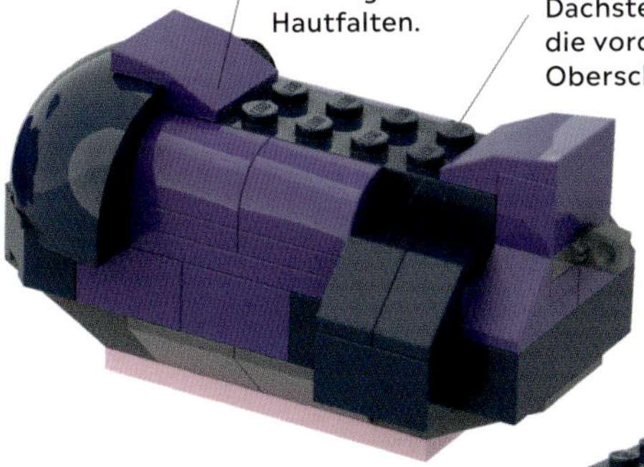

KURZE BEINE

Vollende den Körper mit weiteren normalen und gebogenen Steinen und Dachsteinen und ergänze kurze Beine, die den stämmigen Rumpf tragen. Die Hinterbeine bestehen aus gestapelten runden Steinen und Platten, die Vorderbeine aus einem Mix von runden und eckigen Elementen.

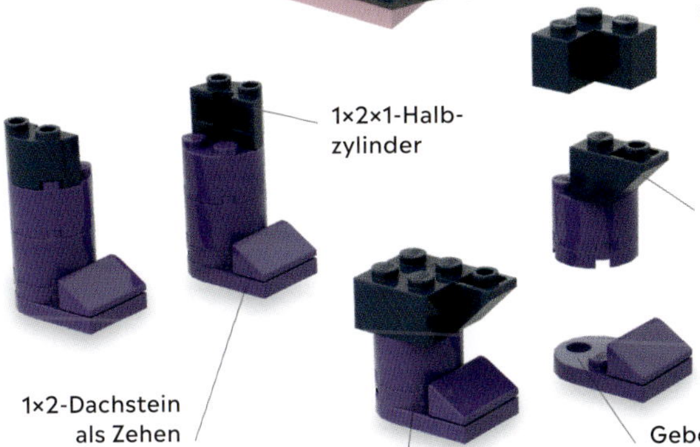

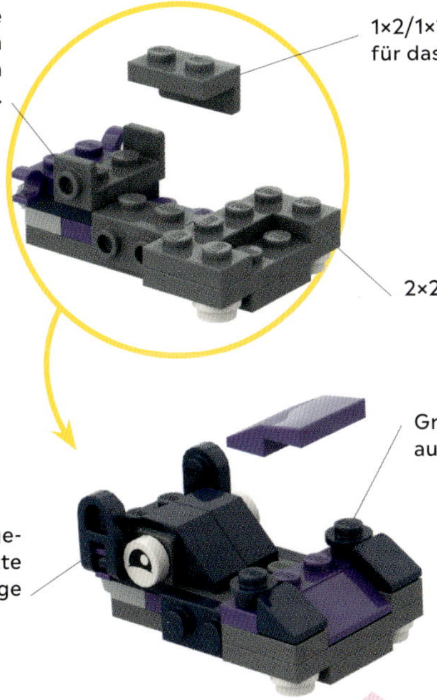

GROSSE KLAPPE

Nun braucht das Flusspferd noch einen Kopf. Wusstest du, dass Hippos die größten Kiefer aller Landtiere haben? Sie können sie auch weit aufreißen – ganze 180 Grad! Baue den beweglichen Unterkiefer mit einer Verbindung von Klemme und Stange. Setze nun noch rosa Steine an die Innenseite des Mauls – und vergiss ja nicht die Eckzähne!

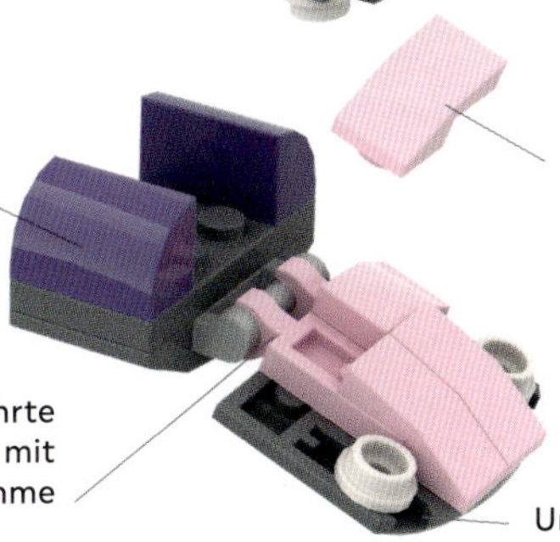

OZEANE

Tauche ein in die Unterwasserwelt. Hier wimmelt es nur so von Tieren! Baue mit deinen LEGO Elementen fantastische Szenen, in denen sich deine Wasserwesen wohlfühlen. Bunte Korallen, Felsenhöhlen und sich wiegender Seetang ergeben das ideale Zuhause für deine liebsten Meeresbewohner.

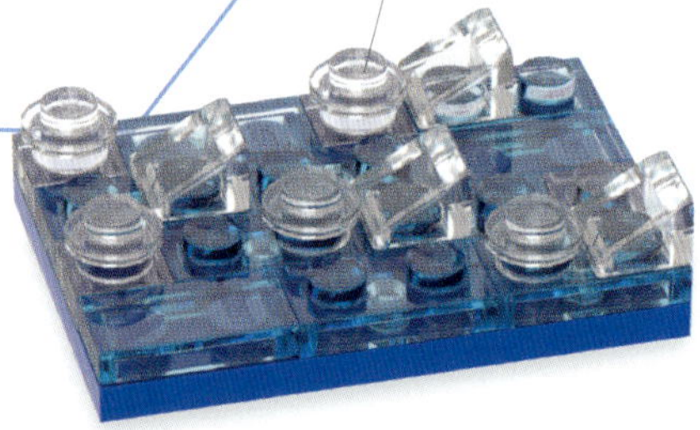

Kleine, transparente Elemente bilden kleine Wellen.

WASSEROBERFLÄCHE

Baue ein Loch in die Oberfläche, damit deine Tiere Luft holen können! Sollen deine Meerestiere in aufgewühlten oder lieber in ruhigeren Gewässern leben?

UNTERWASSERHÖHLE

Viele Meeresbewohner verstecken sich zum Schutz vor Räubern in den Spalten und Rissen von Felsen. Baue auf den Meeresboden Felsspalten für LEGO Hummer, Seesterne und Krabben. Korallen und Meerespflanzen sorgen für ein lebensechtes Aussehen.

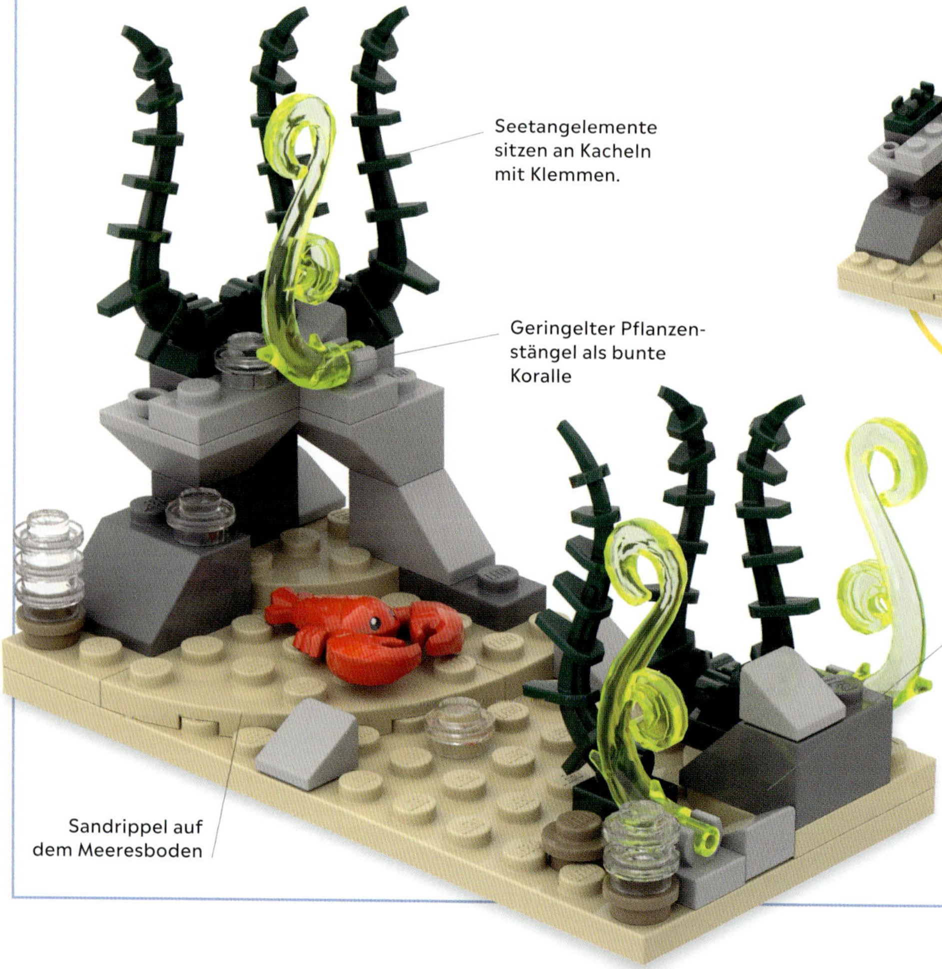

Seetangelemente sitzen an Kacheln mit Klemmen.

Geringelter Pflanzenstängel als bunte Koralle

Sandrippel auf dem Meeresboden

Baue viele Spalten für deine Meeresbewohner.

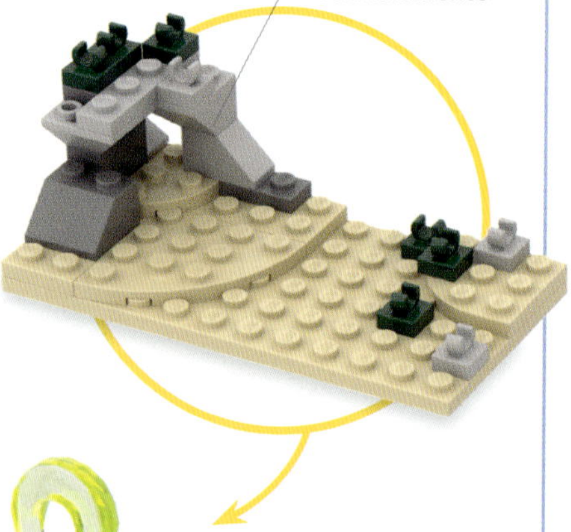

Normale und umgekehrte Dachsteinelemente

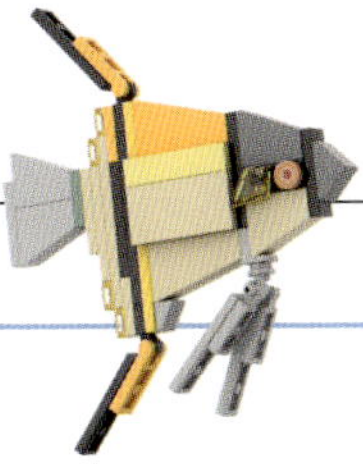

KORALLENRIFF

Ein Korallenriff ist wie ein Unterwasserspielplatz für alle Arten von Meerestieren wie Seepferdchen, Schildkröten und tropischen Fischen. Baue aus kleinen, bunten Elementen verschiedenartige Korallen.

Umgekehrte runde Kachel mit Stange

Diese Korallenart besteht aus einem einzigen Element.

Staple Blütenplatten in wechselnden Farben.

Auch Muscheln mögen Korallenriffe.

Grüne Eier als ungewöhnliche Korallen

SCHUTZ IM SEETANG

Seetang ist ein super Versteck für kleine Fische. Vielen Meeresbewohnern dient er auch als Nahrung. Der Tang in dieser Szene ist grün, doch es gibt auch rote und braune Arten. Zwischen Luftblasen flitzende Fische erwecken diese Wasserwelt zum Leben.

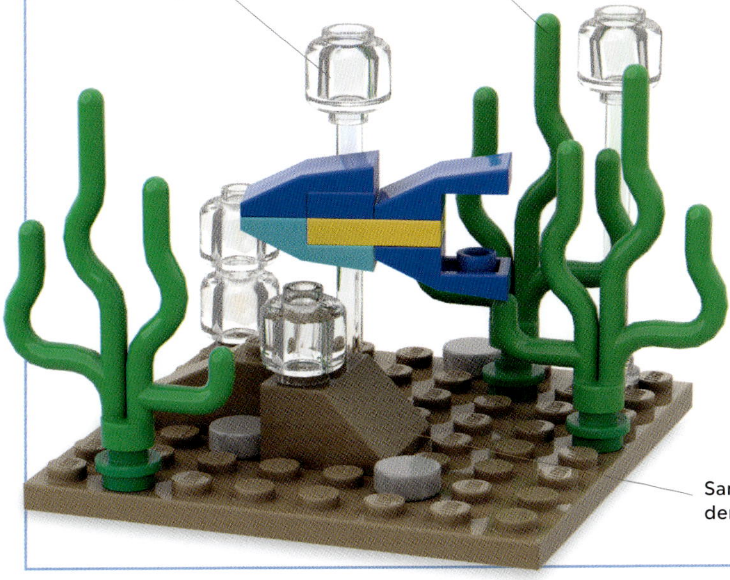

Wenn du keine Seetangelemente hast, baue welche aus runden Platten.

Luftblasen schweben auf Stangen.

Sandige Felsen auf dem Meeresboden

Wo geht's hier zum nächsten Hafen?

ORANG-UTAN

Geschickt schwingt sich ein Menschenaffe durch die Bäume! Diese klugen Primaten leben in Familien in den Regenwäldern Südostasiens. Sie haben ein rotes Zottelfell, lange Arme und fünf Finger an den Händen, mit denen sie hängende Lianen und Äste ergreifen.

TIERWISSEN

Orang-Utans gehören zu unseren nächsten Verwandten: Unsere DNA stimmt mit der dieser Menschenaffen zu fast 97 % überein!

RUNDER BAUCH

Die Basis des rundlichen Bauches ist quadratisch. Stecke Steine mit Seitennoppen auf normale 2×4-Steine. An den Seitennoppen kannst du später weitere Details anbauen.

AUF UND AB

Baue nun oben am Bauch muskulöse Schultern und ein Verbindungselement für den Kopf an und runde ihn unten ab. Füge in diesem Schritt auch Verbindungselemente für die Beine hinzu.

ZOTTELFELL

Damit dein Orang-Utan echt aussieht, braucht er ein Fell! Baue zuerst den Kopf an und stecke dann an die Seitennoppen der Bauchsteine Felselemente als Zotteln.

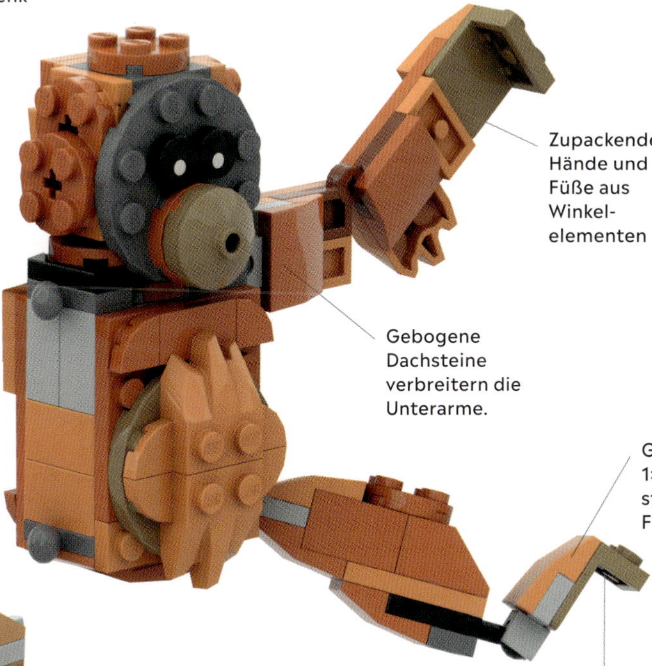

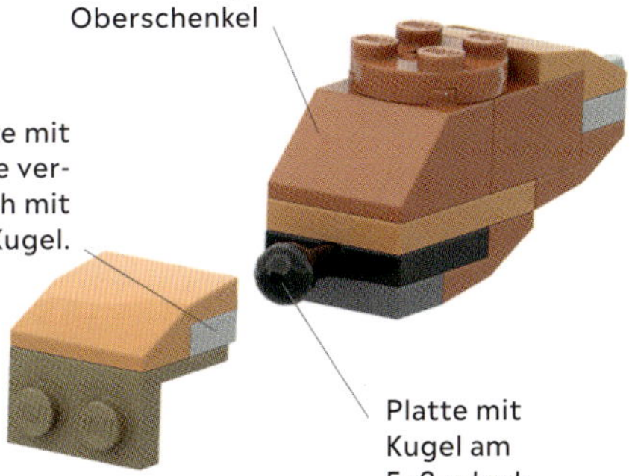

AUF ZUM KLETTERN

Befestige schließlich noch die langen, kräftigen Arme und Beine des Orang-Utans. Baue flexible Gelenke aus beweglichen Teilen ein wie Elementen mit Kugel und Pfanne oder Scharnierplatten.

LÖWE

Der König der Tiere ist eine fleischfressende Großkatze und ein mächtiger Jäger. Löwen wie dieser hier leben in Familien, den Rudeln. Gemeinsam durchstreifen sie die afrikanische Savanne. Übrigens: Nur Männchen haben die berühmte Löwenmähne am Kopf.

TIERWISSEN

In einem Löwenrudel gibt es stets mehr Weibchen als Männchen. Die Weibchen jagen und ziehen die Jungen auf. Die Männchen verteidigen Revier und Rudel.

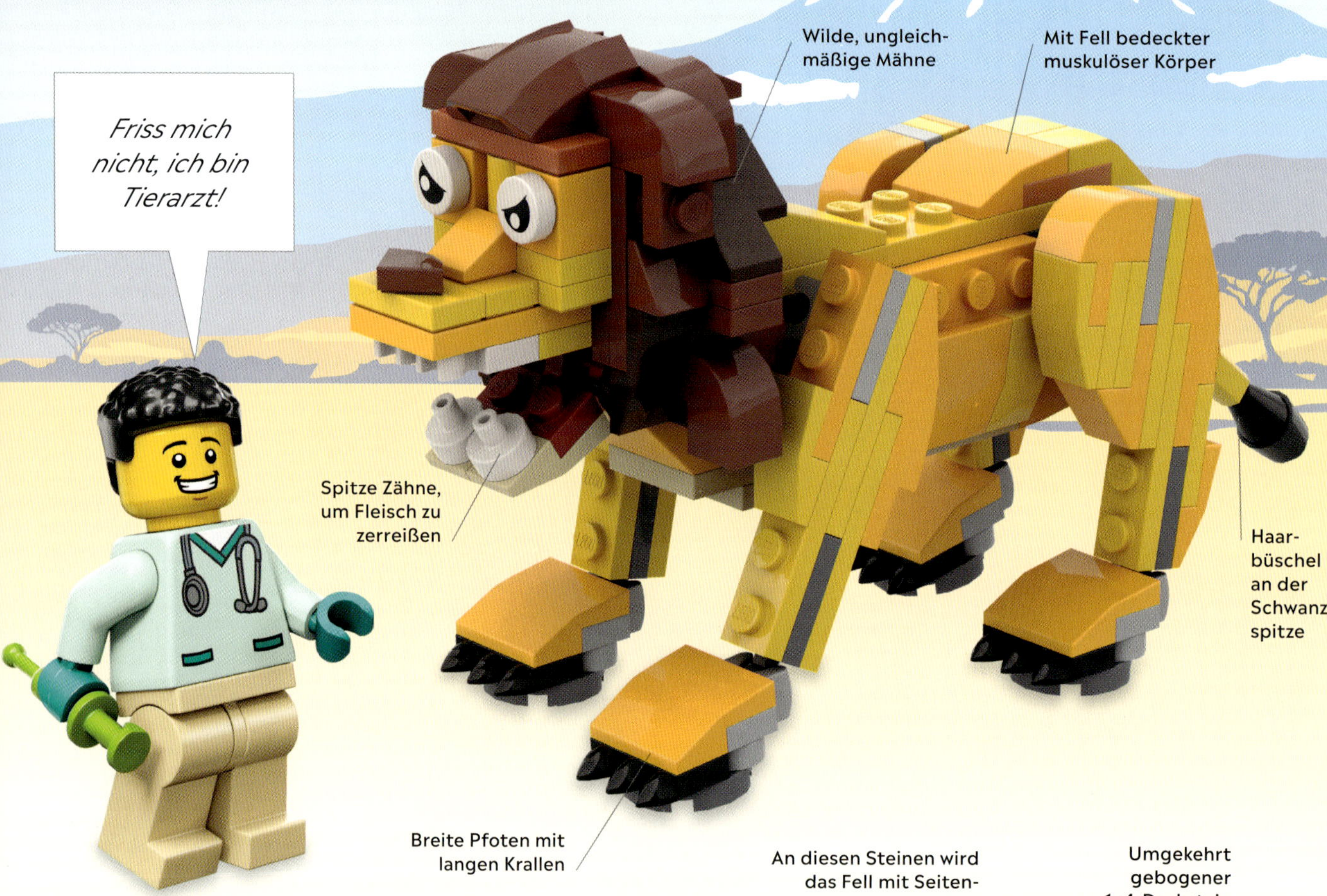

WEICHE MITTE

Löwen haben am Bauch weiche Hautfalten, die sie vor den Tritten ihrer Beute schützen – meist Tieren mit harten Hufen! Beginne mit dieser weichen Stelle, indem du auf eine Plattenlage als Basis gebogene Dachsteine, normale Steine und umgekehrte Dachsteine setzt.

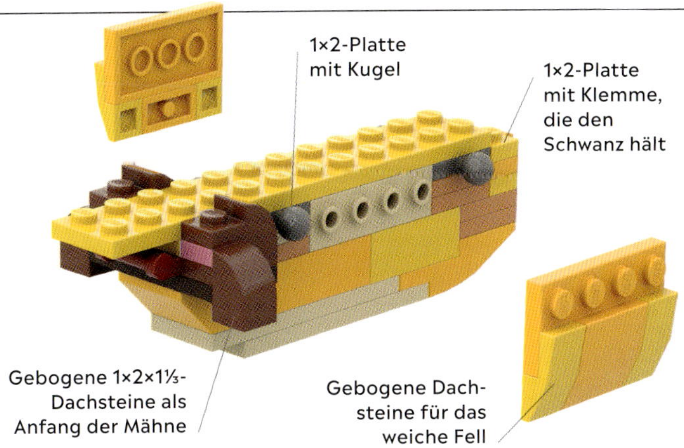

ÜPPIGE MÄHNE

Setze den Bau des Körpers aufwärts und seitwärts mit weiteren Platten fort, darunter vier mit Kugeln, an denen die Beine sitzen werden. Vorn am Körper fügst du die am tiefsten hängenden Haare der Mähne an.

MÄCHTIGER KIEFER

Runde den Körper des Löwen mit Dachsteinen ab und fahre dann mit der wilden Mähne und dem Kopf fort. An einer Platte mit Stange, die vorn in den Körper eingebaut ist, lässt sich der Unterkiefer des Löwen befestigen.

RUDELFÜHRER

Je größer die Mähne, desto mächtiger ist ein Löwe. Gib deiner Großkatze also eine echte Haarpracht! Forme dann das Gesicht und die Beine am besten in Seitwärtsbauweise. Und vergiss nicht den langen Schwanz mit seiner schwarzen Spitze – Löwen leiten damit ihr Rudel durch das hohe Gras.

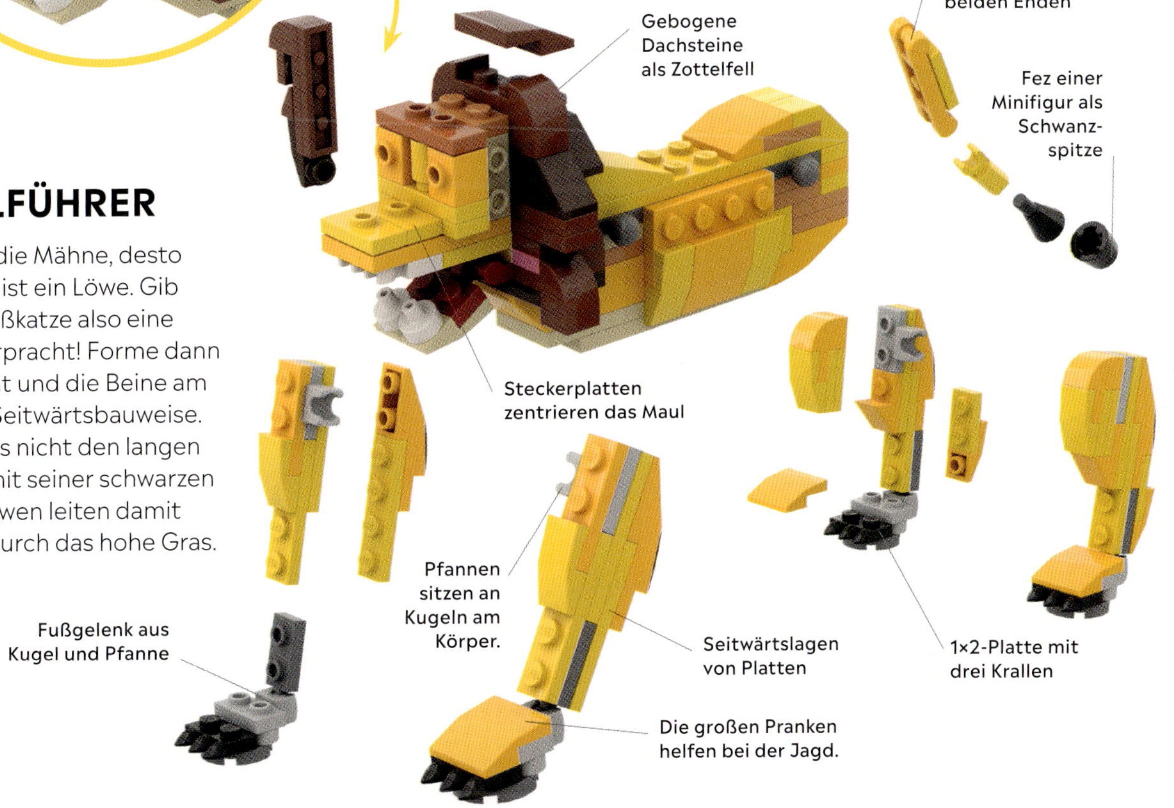

BAUERNHOF

Wo in der Nähe von uns Menschen trifft man die verschiedensten Tiere an? Na klar, auf dem Bauernhof! Baue für deine Tiere Ställe und Weiden, in denen sie leben, baden und gefüttert werden. Welche Orte für Tiere kennst du noch? Wie wär's mit einem Zoo oder einem Naturschutzgebiet?

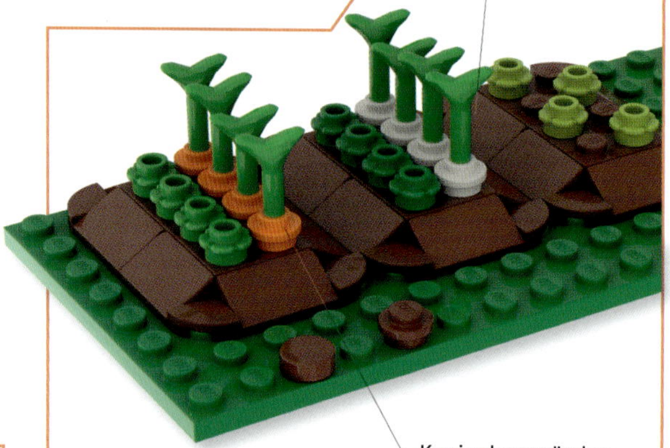

FELDFRÜCHTE

Acker wie dieser sind für manche Tiere ein Paradies. Für Kaninchen, Hühner, Rehe und Eichhörnchen sind diese Gemüse tatsächlich ein gefundenes Fressen. Entferne die Elemente, die bereits abgefuttert wurden.

HÜHNERSTALL

Dieses Holzhäuschen ist eigens für Hühner gebaut. Es steht auf Stelzen, damit es darin warm, sauber und trocken bleibt. Über die schmale Rampe kann genau ein Huhn laufen. Baue Stangen in den Stall, auf denen deine Hühner schlafen, und gebe ihnen draußen viel Platz, damit sie nach Herzenslust scharren können.

FUTTERTROG

Gib deinen Tieren einen gut gefüllten Trog. Dieser wird aufwärts auf eine lange Platte gebaut. Winkelplatten sitzen auf der Basisplatte und halten die hölzern wirkenden Kachelseiten des Trogs fest.

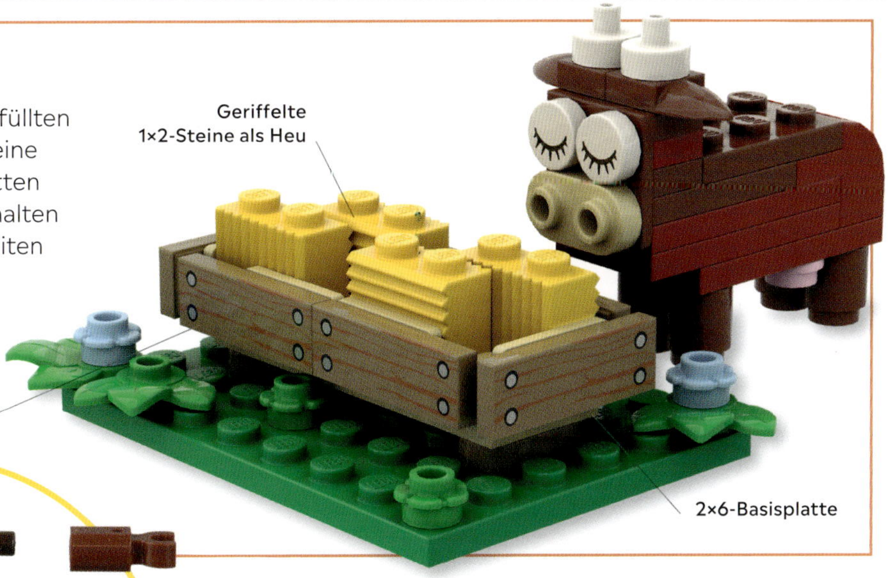

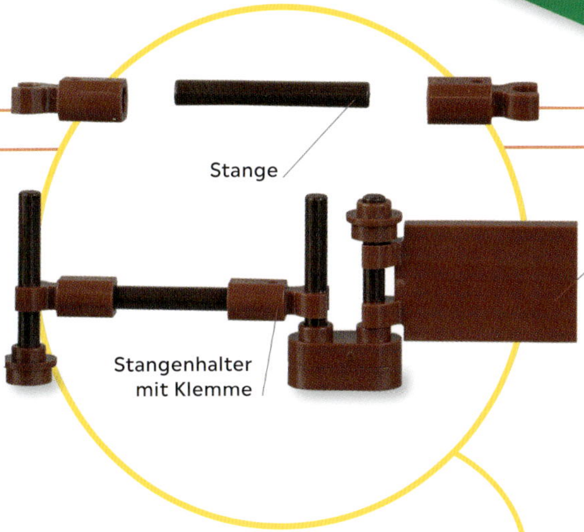

SCHWEINEPFERCH

Nun baust du einen Pferch für deine Bauernhoftiere – schließlich soll keines davonlaufen! Verbinde die Zaunteile mit langen Elementen wie Stangen und kleinen Elementen mit Klemmen. Wenn du fertig bist, überlege, welche Tiere du hineinsetzt. Schweine wälzen sich gern im Dreck, also fülle den Pferch mit erdfarbenen Platten!

WASCHBÄR

Dieses nachtaktive Wesen wühlt oft in Mülltonnen nach Nahrung! Aber Waschbären leben nicht nur in Städten – einige sind auch in Wäldern und Grasländern zu Hause. Die Waschbären Nordamerikas erkennt man an ihrem Streifenschwanz und am dunklen Augenfell, das wie eine Räubermaske wirkt.

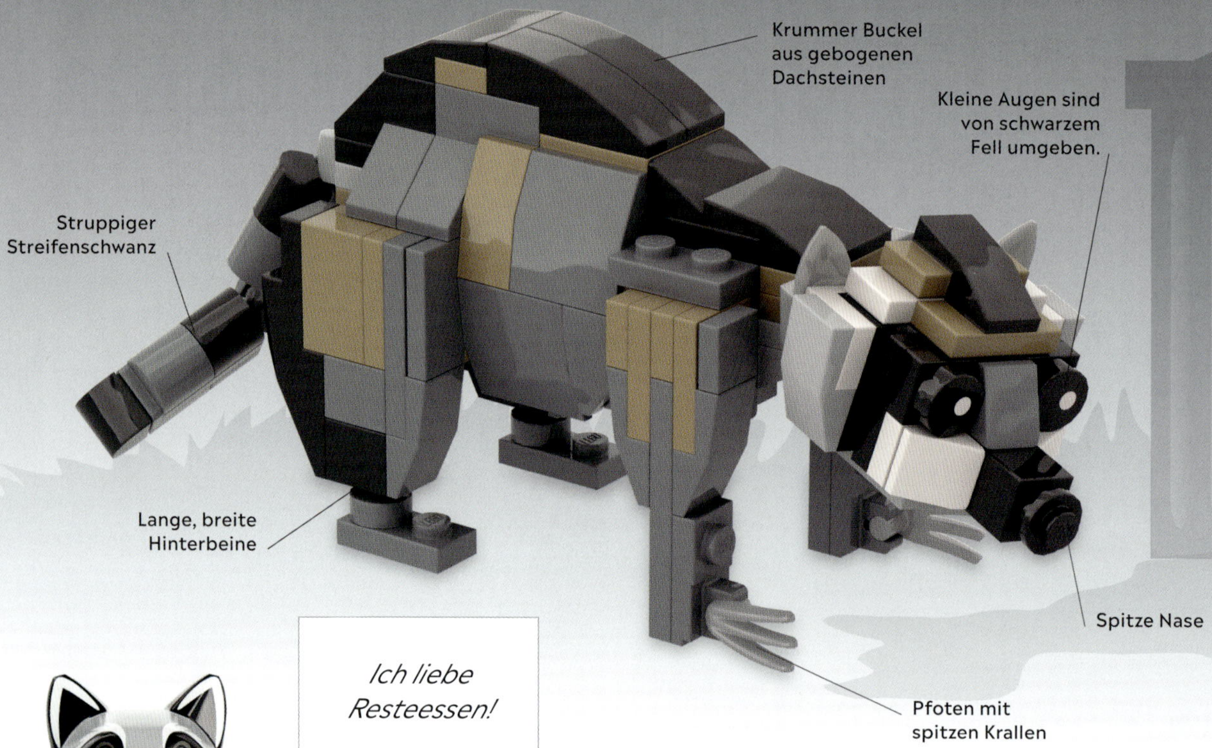

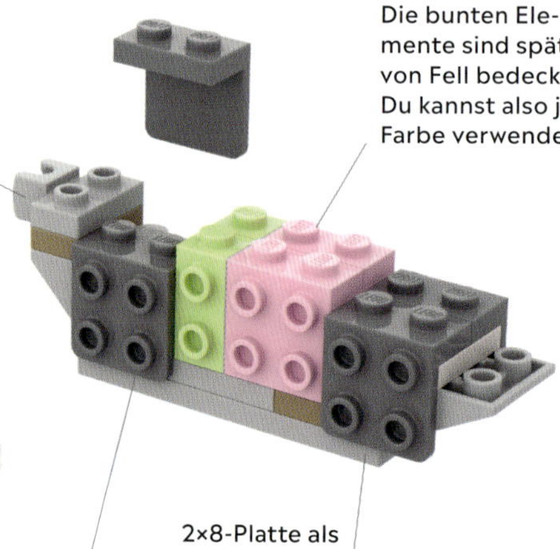

FELLIGER GESELLE

Waschbärfell ist dicht und grau, sodass es nachts schön wärmt. Plane zuerst, wie das Fell deines Waschbären aussehen soll, und baue Elemente mit Seitennoppen an, an denen du das Fell befestigen kannst.

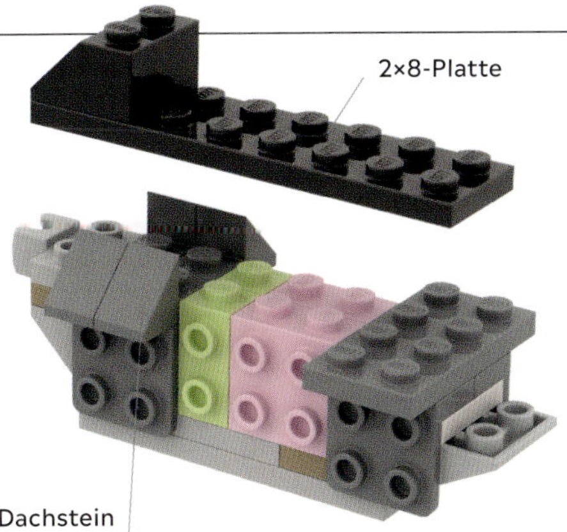

OBERSCHENKEL

Baue nun einige Dachsteine am Rücken und eine Platte im rechten Winkel vorn an. Diese Elemente werden die Oberschenkel des Tiers bilden. Füge eine lange Platte als Basis für den krummen Rücken hinzu.

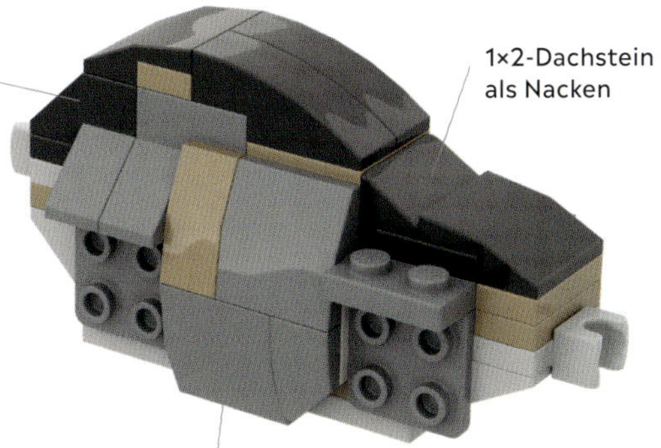

DER BUCKEL

Der Rücken des Waschbären ist stark gewölbt, da die Hinterbeine länger als die Vorderbeine sind. Ahme die genaue Form mit gebogenen Dachsteinen und verschieden großen Dachsteinen nach. Weitere gebogene Dachsteine an den Seiten bilden das Fell.

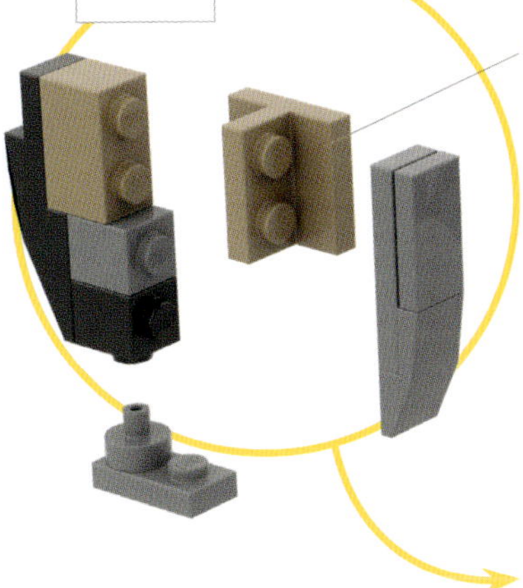

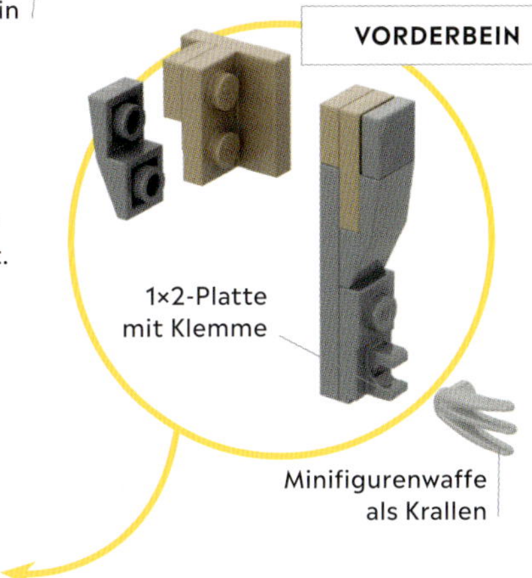

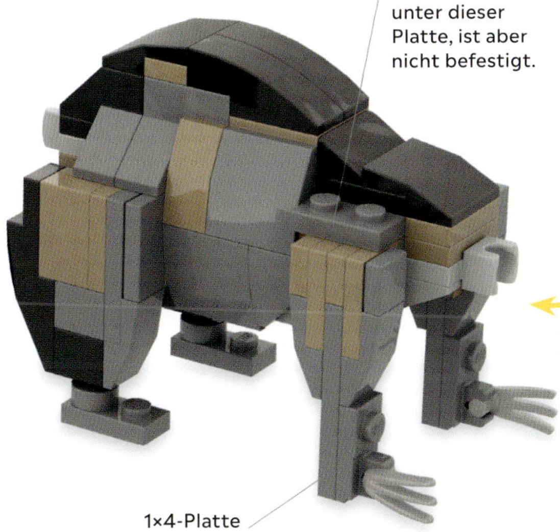

KNIFFLIG ZU BAUEN

Dieses Modell ist wegen seiner mehrfachen Seitwärtsbauweise schwierig. Jedes Bein wird seitwärts gebaut und dann seitlich am Körper befestigt. Baue jetzt auch den gestreiften Schwanz des Waschbären.

RÄUBERMASKE

Am Hinterkopf des Waschbären sitzen mehrere Winkelplatten mit vielen Seitennoppen. Daran sind verschiedene kleine Elemente befestigt. Sie formen die aufrechten Ohren, die fellbedeckten Wangen, die spitze Nase und die Räubermaskenaugen.

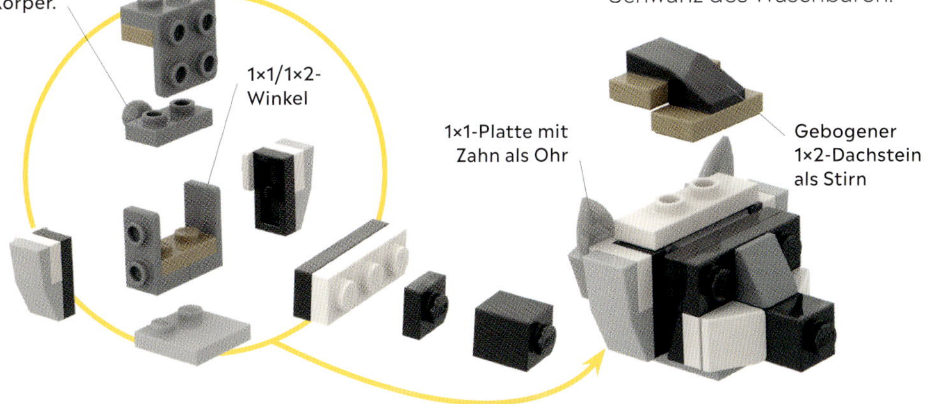

ZEIT ZUM FÜTTERN!

Alle Tiere müssen fressen, um Energie zu gewinnen, doch ihre Ernährung ist so unterschiedlich wie das Tierreich selbst. Manche fressen überwiegend Fleisch (Karnivoren), Herbivoren dagegen fressen nur Pflanzen wie Samen, Früchte und Gemüse. Biete deinen LEGO Tieren gesunde Leckereien, die sie gern kauen, mampfen, naschen oder knabbern.

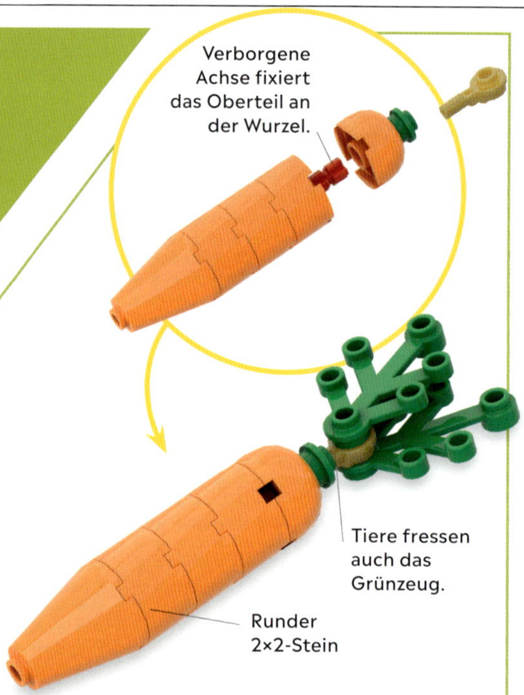

KNACKIGE KAROTTE

Diese Karotte steht auf dem Speiseplan von Kaninchen, Pferden, Eichhörnchen und vielen anderen Pflanzenfressern. Baue das orangene Gemüse aus runden Steinen und einem Kegel als Spitze.

ROHES FLEISCH

Löwen sind Hyperkarnivoren – ihre Nahrung besteht zu mindestens 70 Prozent aus Fleisch. Baue für deinen LEGO Löwen ein großes Fleischstück am Knochen. Nimm hellrote Elemente fürs Fleisch, hellbraune fürs Fett und weiße und graue für den Knochen.

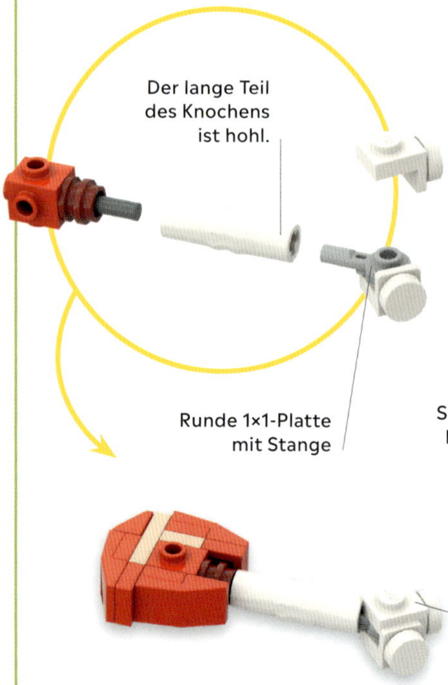

KATZENFUTTER

Haustiere wie Katzen und Hunde bekommen oft getrocknete Körner und Fleischstücke zu fressen. Baue eine Futterschüssel aus runden Ecksteinen und fülle sie mit kleinen runden Platten als Trockenfutter.

BAMBUS

Pandas ernähren sich fast nur von Bambus. Täglich müssen sie Berge dieser holzigen Pflanze fressen, um die lebensnotwendigen Nährstoffe zu bekommen. Für diesen Panda brauchst du also jede Menge hohe Bambustriebe!

EISBÄR

Dieser mächtige Jäger lebt am Polarkreis in einer kargen Landschaft aus Schnee und Eis. An die kalte Umgebung ist er mit seinem dichten Zottelfell und der Speckschicht darunter perfekt angepasst. Beides hält ihn warm und trocken. Eisbärenfell sieht zwar weiß aus, aber dein Bär könnte auch andere Farben haben wie dieses einzigartige Exemplar.

TIERWISSEN

Ein Eisbärenfell ist in Wirklichkeit gar nicht weiß! Jeder Haarschaft ist durchsichtig, doch wenn die Haare das Licht der arktischen Sonne reflektieren, wirken sie meist weiß oder gelb.

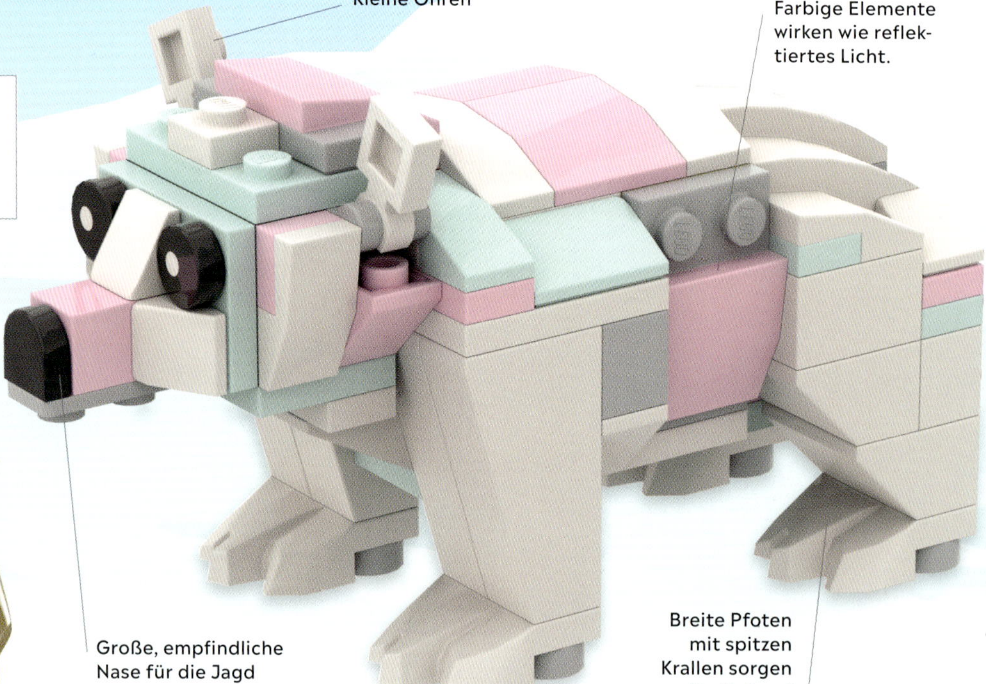

GROSSE BASIS

Eisbären sind die größten und gefährlichsten Bären unseres Planeten. Baue einen großen, muskulösen Körper von einer blauen Bauchbasisplatte aufwärts. Verbreitere den Körper allmählich, damit er rundlich wirkt.

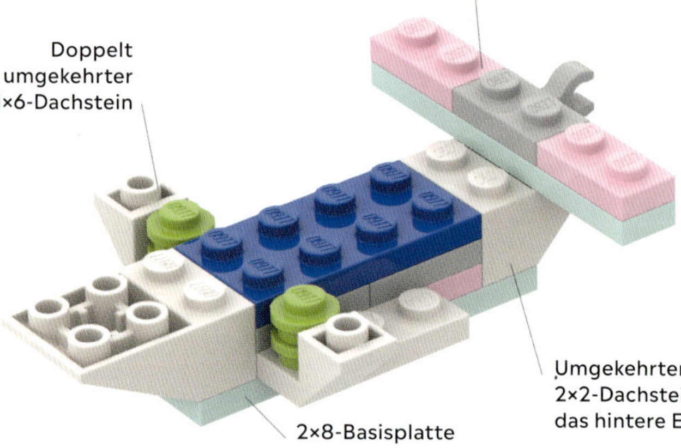

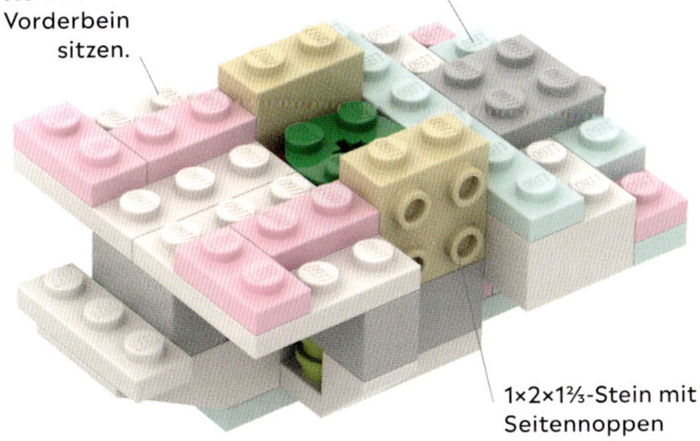

POLARE PLANUNG

Der mächtige Körper des Eisbären hat viel Zottelfell und starke Muskeln. Plane in diesem Schritt, wo die äußeren Kurven und Gliedmaßen sitzen werden und füge Steine mit Seitennoppen und Plattenlagen ein. Dank dieser Elemente kannst du im nächsten Schritt interessante Formen bilden.

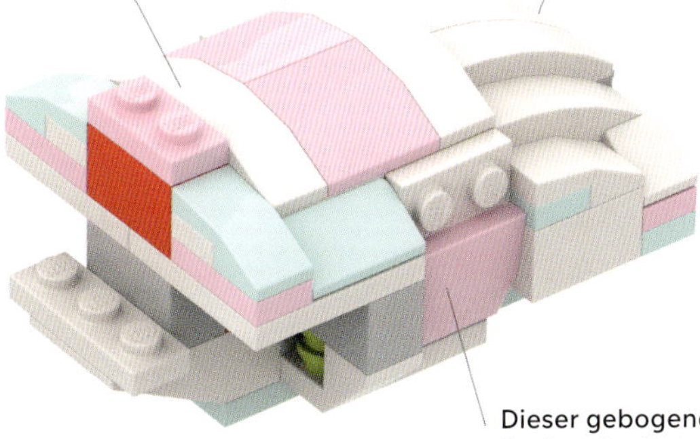

SCHLÜPFRIGE STEINE

Setze auf die Mitte einen Stein und baue weitere Platten an, bevor du den Körper mit Fell aus gebogenen und verschieden großen Dachsteinen bedeckst. Die gebogenen Dachsteine sitzen stufig am Rumpf.

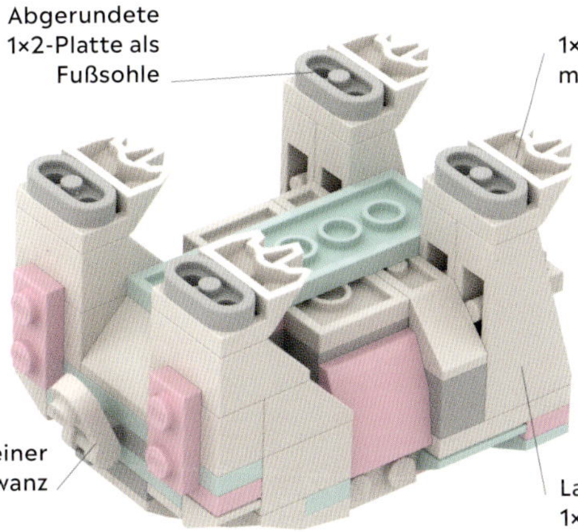

ANSICHT VON UNTEN

MÄCHTIGE PFOTEN

Eisbären haben lange starke Beine zum Laufen und Schwimmen. Ihre breiten Pfoten sind wie Schneeschuhe und ihre Krallen bieten auf glattem Untergrund guten Halt. Baue die Beine deines Modells mit umgekehrten Dachsteinen und die Pfoten mit Platten mit Felsen.

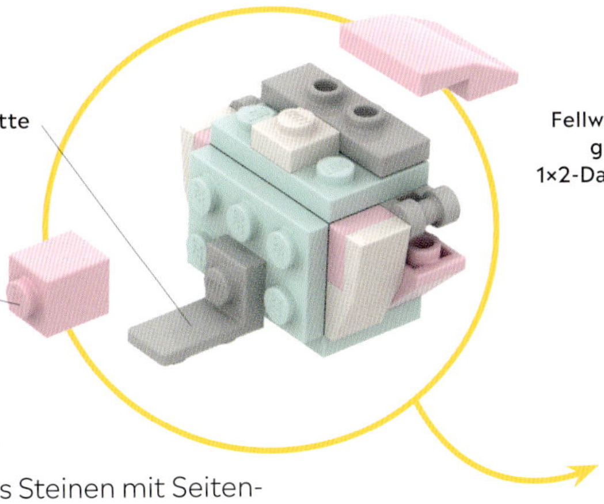

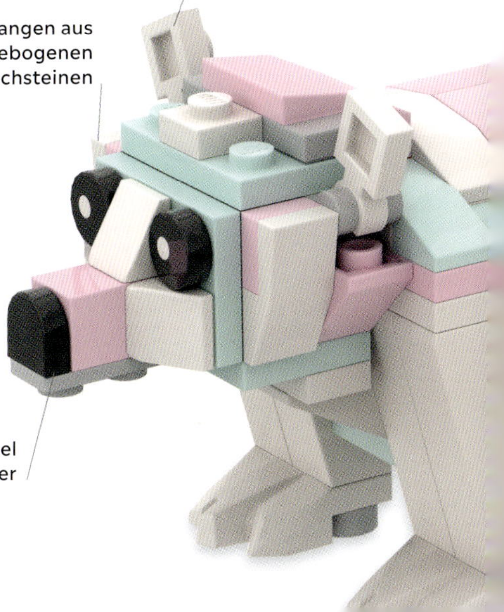

KOPF UND NASE

Baue einen eckigen Kopf aus Steinen mit Seitennoppen, damit du in vier Richtungen anbauen kannst. Füge ein Gesicht mit langer Schnauze hinzu. Zum Schluss bekommt dein arktisches Raubtier sein wertvollstes Jagdwerkzeug: die Nase. Eisbären riechen Robben aus großer Entfernung!

WOLF

Wölfe leben in Nordamerika, Asien und Europa in Familienrudeln zusammen, die von einem älteren Männchen und einem Weibchen angeführt werden. Gemeinsam jagen und teilen sie ihre Nahrung und heulen, um andere Wolfsrudel abzuschrecken. Sie haben ein dichtes, warmes Fell, große Ohren und kräftige Beine, um ihre Beute zu jagen.

TIERWISSEN

Wolfsgeheul ist 92-mal lauter als die menschliche Stimme und über 10 km weit zu hören! Lass dein LEGO Modell laut aufheulen – es hat ein Gelenk im Nacken und kann wie ein echter Wolf den Kopf heben. A-uuuuh!

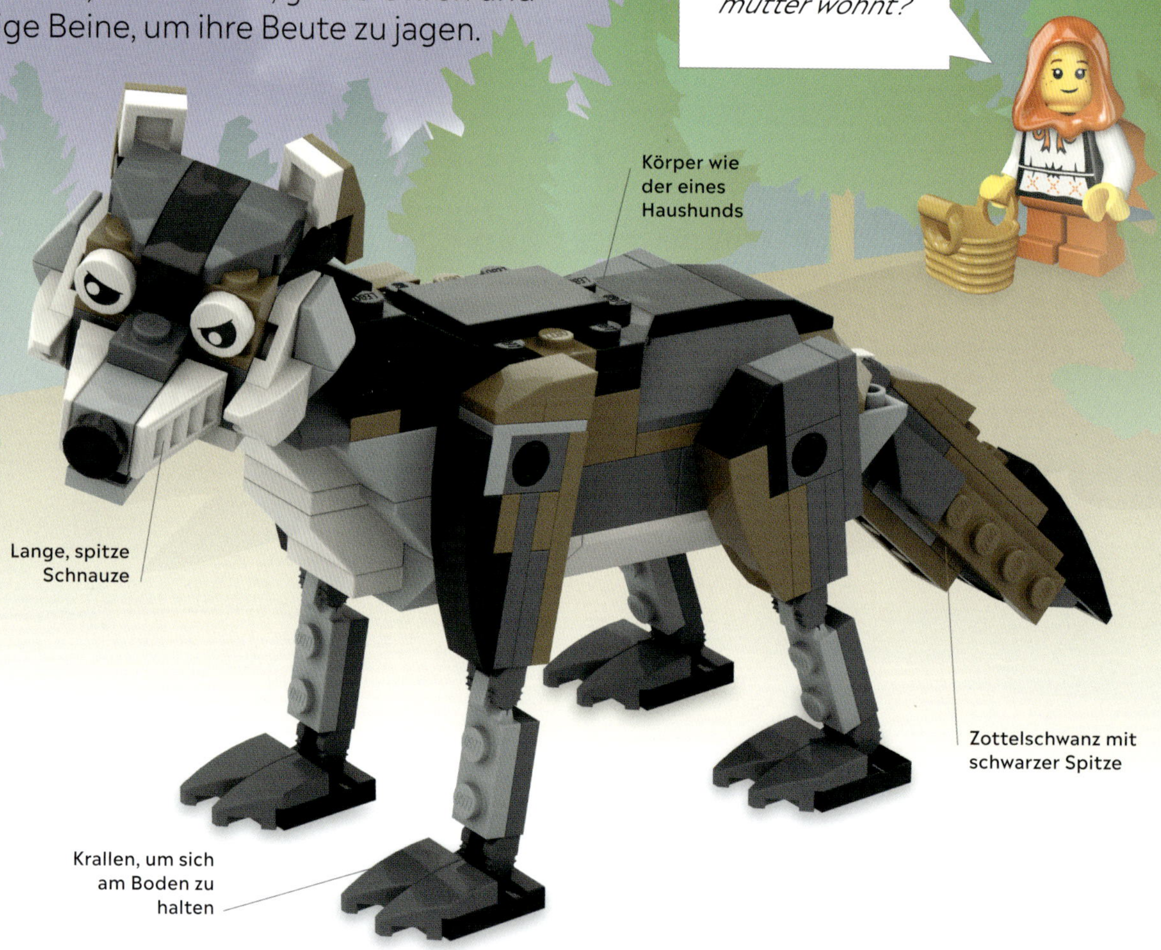

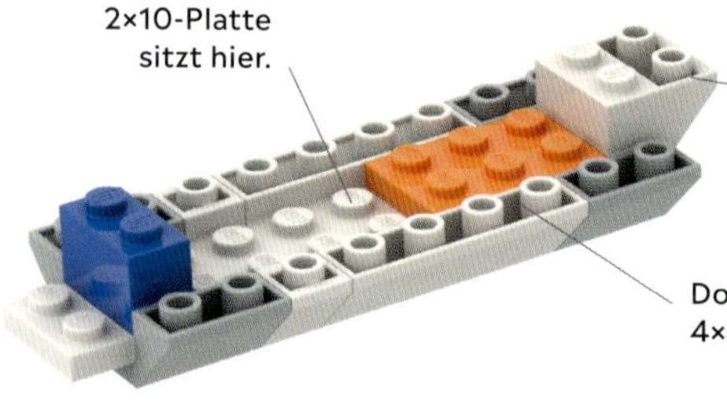

HELLES BAUCHFELL

Dieser graue Wolf hat helle Flecken am Unterbauch. Fange mit dem Bau deines Modells an dieser Stelle an und bilde mit doppelt umgekehrten Dachsteinen eine rundliche Form. Zwischen den Dachsteinen sitzt eine lange Platte.

ZOTTELFELL

Nun fügst du eine Lage von Steinen in zwei Grautönen für das Fell des Wolfs hinzu. Baue auch einige Steine mit Löchern ein, an denen die Hinterbeine sitzen werden, und setze hinten eine Platte mit Klickscharnier für den Schwanz an.

STROMLINIENFÖRMIG

Der Körper eines Wolfs ist stromlinienförmig, wird also hinten schmaler. So kann das Tier sehr schnell laufen. Damit der Körper möglichst lebensnah wirkt, baue ihn vorn etwas höher, mit einer extra Lage Steinen und zwei Plattenlagen.

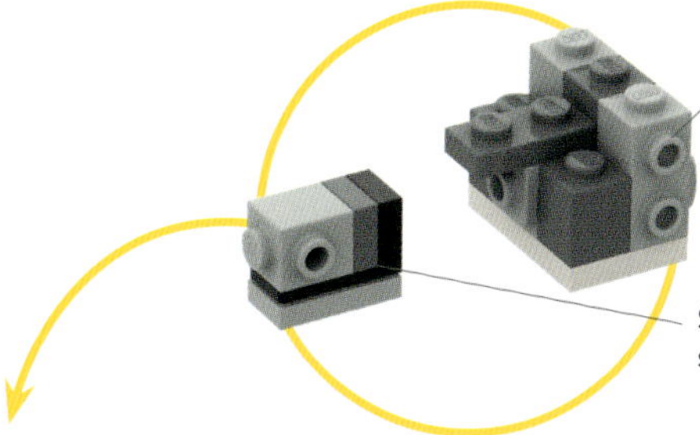

WARUM HAST DU SO GROSSE AUGEN?

„Damit ich dich besser sehen kann!" Baue mindestens zwei Merkmale des berühmten Wolfs aus dem Märchen *Rotkäppchen* ein. Dieses Modell hat große Ohren und Augen, aber keine großen Zähne! Wie sieht deins aus?

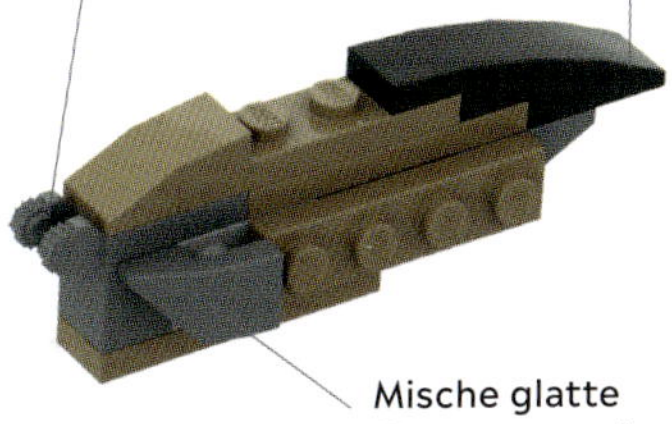

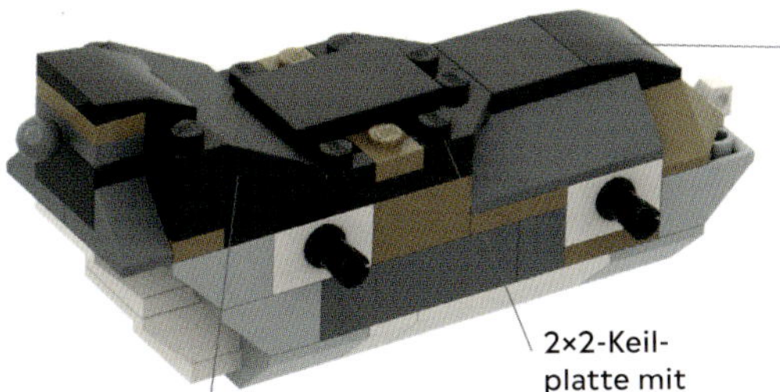

SCHNELLE BEINE

Setze vorn an den Körper muskulöse Schultern und an den Seiten glatte Kacheln und gebogene Dachsteine an. Die vier langen Beine baust du vor allem in Seitwärtstechnik. Jetzt fehlt nur noch ein großer, buschiger Schwanz!

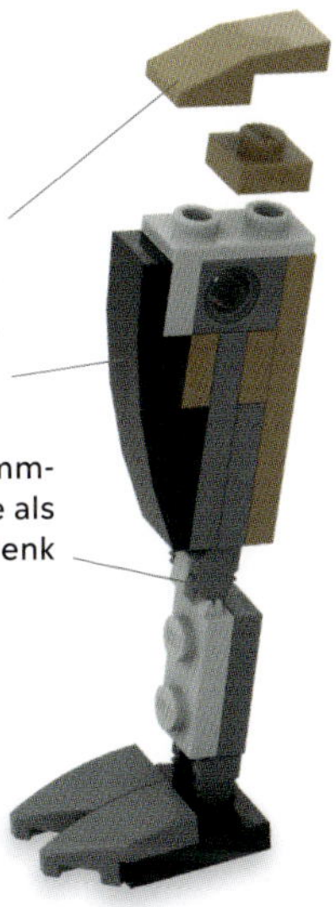

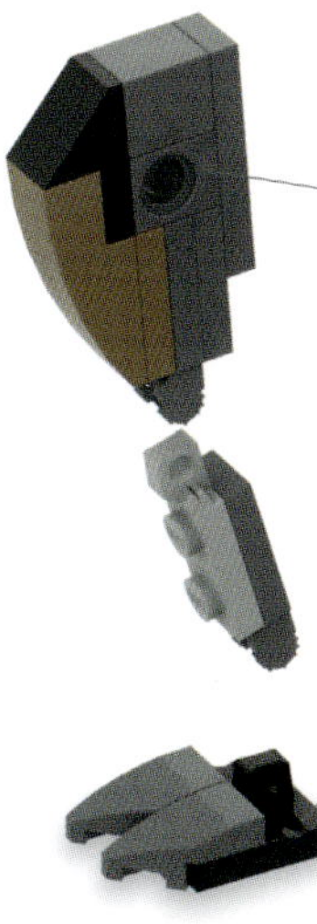

TIERSPUREN

Manche Tiere verbergen sich geschickter als andere, doch auch sie hinterlassen gewisse Spuren. Wenn man eines deiner LEGO Tiere aufspüren wollte, welche Spuren würde man entdecken? Hier ein paar Vorschläge, wie du die unterschiedlichsten Abdrücke, abgebrochene Äste, Überreste der letzten Mahlzeit oder Hinterlassenschaften gestalten kannst.

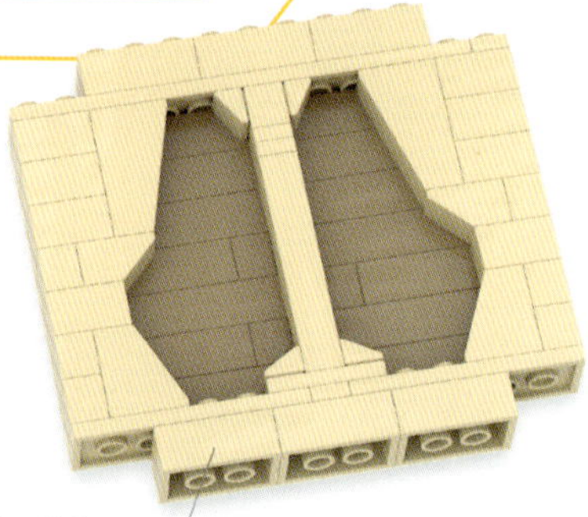

HUFABDRUCK

PFOTENABDRUCK

TIERSPUREN

Das sicherste Anzeichen für die Anwesenheit eines Tiers ist ein Fußabdruck. Spare einen Fuß-, Pfoten- oder Hufumriss in einer Wand aus Steinen in der Breite einer Noppe aus. Darunter legst du eine weitere Wand aus dunklen Steinen. Schon hast du einen (fast) echten Abdruck im Schlamm.

Hier ist meine Kotkollektion!

KOTWÜRSTE

EKLIGE EXKREMENTE

Angenehm ist diese Detektivarbeit nicht, doch sie verrät uns viel über Ernährung, Lebensweise und Gesundheit eines Tiers. Baue unterschiedlichen Tierkot – von Kaninchenkötteln bis zu riesigen Kuhfladen –, und lass deine Freunde sie erraten.

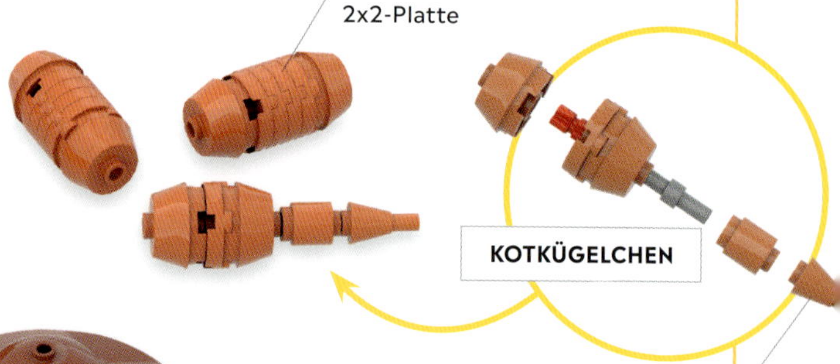

KOTKÜGELCHEN

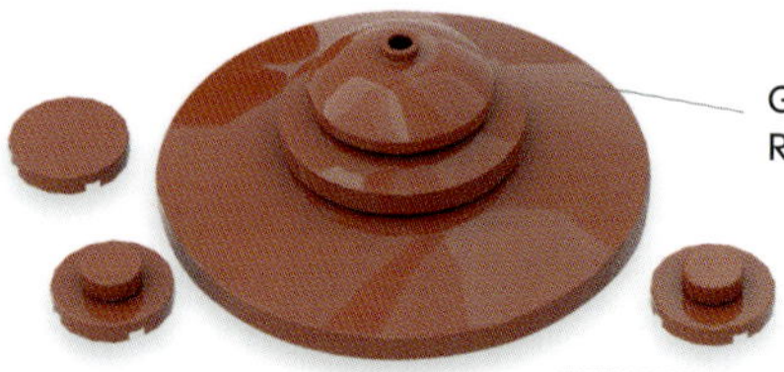

KUHFLADEN

ANGEKNACKSTE ÄSTE

Manche übergroßen Tiere trampeln an Bäumen vorbei und beschädigen sie dabei. Baue einen Baum mit beweglichen Elementen, sodass Äste und Zweige wie angebrochen wirken – oder ganz abbrechen, sobald eine hungrige Giraffe sie anknabbert.

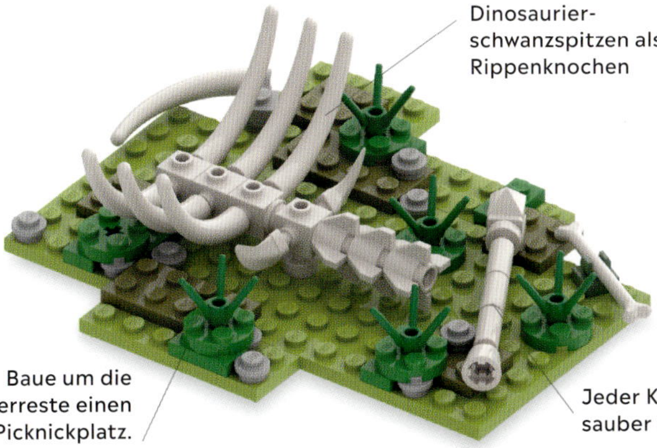

ESSENSRESTE

Weitere Tierspuren sind die Überreste ihrer Mahlzeiten. Hier siehst du das, was ein hungriger Fleischfresser übriggelassen hat. Wie könnten die Speisereste eines Pflanzenfressers aussehen? Baue doch ein paar Nuss- und Obstschalen oder Blätter mit Bissspuren daran.

PANDA

Dieser schwarz-weiße Bär lebt nur in den kühlen Feuchtwäldern Chinas. Dort sitzt er den lieben langen Tag und macht fast nichts anderes als Bambus zu fressen. Einheimische nennen ihn deshalb auch „Bambusbär". Statte deinen Panda mit dichtem, wärmendem Fell, einem dicken Bauch und großen Pfoten aus, mit denen er seine Lieblingsspeise ergreift.

TIERWISSEN

Pandas zählen zu den gefährdeten Tierarten. Es gibt also nicht mehr viele Pandas in freier Wildbahn, weil der Mensch ihren Lebensraum landwirtschaftlich nutzt oder bebaut. Tierschützer versuchen heute, diese Art zu retten.

WEICHER SITZ

Bis zu 16 Stunden am Tag sitzen Pandas und fressen! Baue zuerst aus einem doppelt umgekehrten Dachstein einen weich gepolsterten Rumpf und darauf dann den Bauch und den Rücken.

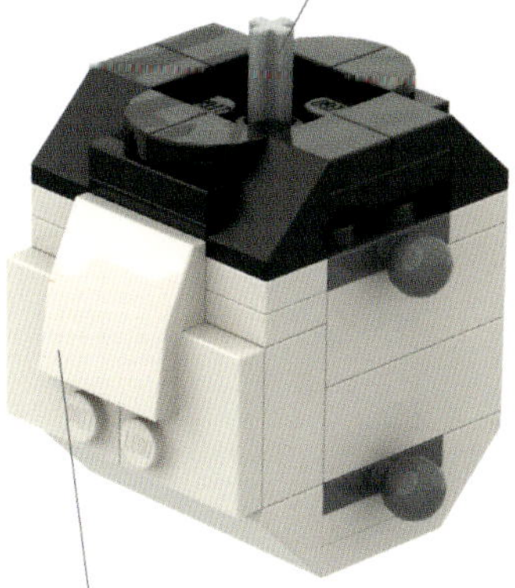

FELL UND FÜLLE

Verleihe dem Korper weitere Kurven und verwende dabei auch einige schwarze Steine. Baue Platten mit Kugeln für die Armverbindungen ein und stecke für den Hals eine Achse in die Mitte.

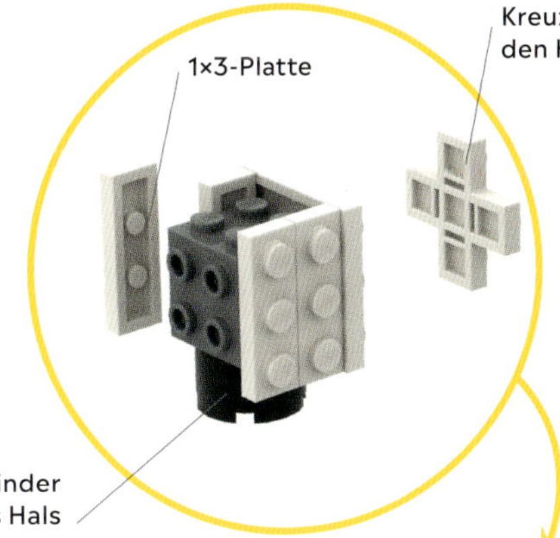

PANDAAUGEN

Baue nun den Kopf. Der Kern ist ein Klotz aus Steinen mit Seitennoppen, an denen du ringsum Platten befestigst. Setze ein Gesicht mit schwarz umsäumten Augen und einer breiten Schnauze an.

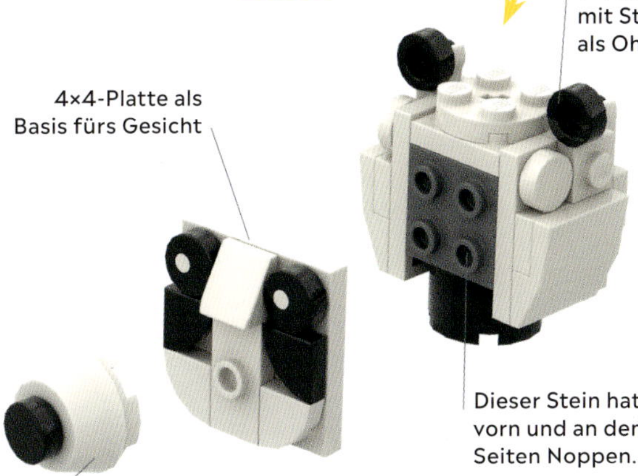

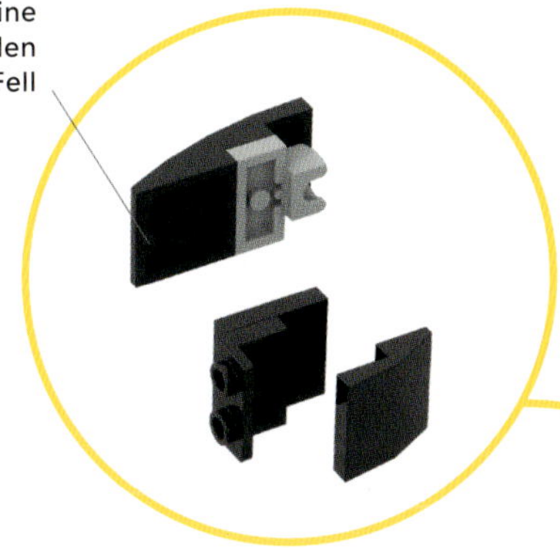

STÄMMIGES KERLCHEN

Baue für deinen Panda Arme und Hände zum Halten von Bambustrieben sowie pummelige Beine zum Sitzen. Alle Gliedmaßen haben eingebaute Gelenkpfannen, die genau auf die Kugeln am Rumpf passen.

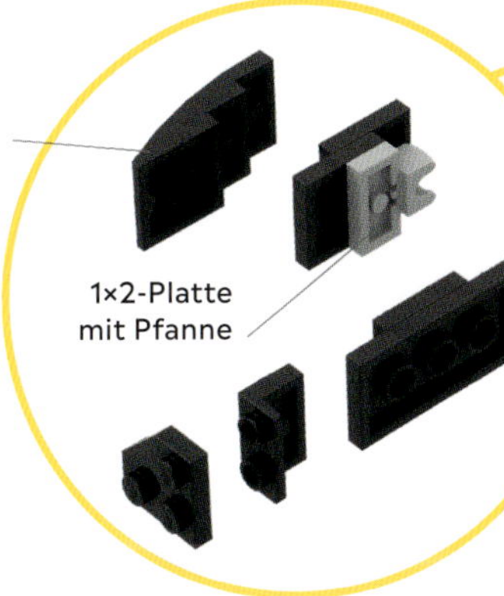

DK | Penguin Random House

Dorling Kindersley dankt **Randi Sørensen, Ashley Blais, Heidi K. Jensen, Martin Leighton Lindhardt** und **Nina Koopmann** von der LEGO© Gruppe.

Lektorat Elizabeth Cook, Nicole Reynolds, Paula Regan, Mark Searle, Hannah Dolan
Gestaltung und Bildredaktion Lauren Adams, Jo Connor, Guy Harvey
Herstellung Siu Yin Chan, Lloyd Robertson
Erstellt für DK von Plum Jam
Modelle Jessica Farrell
Fachliche Beratung Cathriona Hickey

Für die deutsche Ausgabe:
Verlagsleitung Monika Schlitzer
Programmleitung Heike Faßbender
Projektbetreuung Sebastian Twardokus
Herstellungsleitung Dorothee Whittaker
Herstellungskoordination Katharina Schäfer
Herstellung Christine Rühmer

Titel der englischen Originalausgabe:
How to Build LEGO© Animals

The authorised representative in the EEA is
Dorling Kindersley Verlag GmbH, Arnulfstr. 124,
80636 Munich, Germany

Übersetzung Dr. Michael Schmidt
Lektorat Susanne Böse

ISBN 978-3-8310-4708-6

Druck und Bindung Leo Paper Products, China

FSC www.fsc.org MIX Papier | Fördert gute Waldnutzung FSC® C018179

www.dk-verlag.de